高中英语教学的研究与探索

张伟娟　张敏华　陈　伟◎著

中国出版集团　现代出版社

图书在版编目（CIP）数据

高中英语教学的研究与探索／张伟娟，张敏华，陈

伟著．-- 北京：现代出版社，2022.12

ISBN 978-7-5231-0153-7

Ⅰ．①高… Ⅱ．①张… ②张… ③陈…Ⅲ．①英语课

-教学研究-高中 Ⅳ．①G633.412

中国版本图书馆 CIP 数据核字（2021）第 256421 号

高中英语教学的研究与探索

作　　者	张伟娟　张敏华　陈伟	
责任编辑	朱文婷	
出版发行	现代出版社	
地　　址	北京市朝阳区安外安华里 504 号	
邮　　编	10011	
电　　话	010-64267325　64245264（传真）	
网　　址	www.1980xcl.com	
电子邮箱	xiandai@cnpitc.com.cn	
印　　刷	三河市华晨印务有限公司	
版　　次	2023 年 6 月第 1 版 2023 年 6 月第 1 次印刷	
开　　本	185 毫米×260 毫米　1/16	
印　　张	10.25	
字　　数	229 千字	
书　　号	ISBN 978-7-5231-0153-7	
定　　价	58.00 元	

前 言

随着新课程改革的不断推广和深入，高中阶段的英语教学理念也发生了很大的改变，教师既要培养学生对语言的运用能力和基础创新能力，同时也要培养学生的核心素养，以达到学生全面发展的目的。因此，在高中英语教学过程中，教师要注重教学实际，让学生发挥积极作用，才能在教学过程中发挥出师生合力。同时，教师还要注重英语的基础性，在教学过程中注重知识的衔接和英语的交际性，培养学生的应用能力，这样才能收到良好的教学效果。

鉴于此，笔者撰写了《高中英语教学的研究与探索》一书，在内容编排上共设置六章：第一章，作为本书论述的基础与前提，主要阐释高中英语教学的目标导向、关键问题、策略的选择；第二章，是高中英语教学的设计体系，分析了高中英语的教学方式、课程资源、教学技术、教学设计运用；第三、第四章，分析了高中英语听力教学、高中英语口语教学、高中英语阅读教学、高中英语写作教学；第五章，论述了高中英语自主学习方法、任务型教学法、交际教学法的运用；第六章，研究了高中英语微课教学、慕课教学、翻转课堂教学及混合式教学的创新探索。

本书在内容上通俗易懂，强化了理论的系统性与构成要素的完整性，本着务实、求新与开拓的精神，对高中英语教学的相关知识进行详细论述。同时，全书结构清晰、价值突出、可读性强，对从事高中英语教学的研究者、一线教师有学习和参考的价值。

在撰写本书的过程中，笔者参考了很多相关专家的研究文献，同时得到了众多专家学者的尽心指导与鼎力支持，在此表示真挚的谢意。由于本书涵盖内容较多、篇幅有限、时间仓促以及笔者的自身能力局限性，书中难免会有疏漏，恳请广大读者批评指正，以便笔者进一步修改，从而使本书日渐完善。

作者

2023 年 2 月

目 录

ABC 第一章 绪论

第一节 高中英语教学的目标导向

一、高中英语教学的目标内涵

教学是一种复杂的社会活动，它最初的拉丁文写法是 deucarl，为"引出""导出"之意，后来被引入英语，慢慢演变成"education"。教学，顾名思义，是"教"与"学"的结合体，是一种在教师的传授、指导下的学生学习活动。教为学而存在，学又要靠教来引导，两者是相互作用的统一体。当今时代，社会正从工业化向信息化转型，教学也随之从专才教学向通识教学转变，因此，培养学生的综合素养和创新能力成了教学的主要目标。"教学目标是人们对教学活动结果的一种主观上的愿望，是对完成教学活动后，学习者应达到的行为状态的详细具体的描述。"

任何过程或行为都是由若干要素（成分）构成的，这些要素决定了该过程或行为发展的可行性。英语教学就是由若干要素构成的一个过程。当前，国内英语教学界对英语教学的基本要素有多种说法（图1-1），这些要素从不同层面、不同角度对英语教学进行了剖析，对帮助教师开启思路、加深对教学过程的认识和理解有很大的帮助。此外，在这些要素当中，教师、学生、教学环境和教学方法为最基本要素，对英语教学的成败起决定性作用。这是因为，教师是教学活动的组织者，对学生的学习起引导作用；学生是教学的主体，是受教的对象；教学环境是语言学习过程中非常重要的部分，没有语言环境的英语学习只能是无源之水；而教学方法在教学过程中起到了非常重要的推动作用，直接影响了教学效果。目前，随着国内高中英语教学改革的不断深入，英语教学方法的研究可谓成果显著。

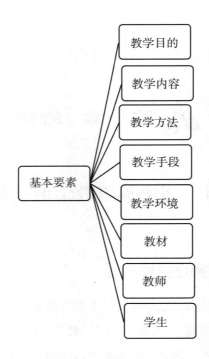

图 1-1　英语教学的基本要素

二、高中英语教学的目标特性

高中英语教学与高中其他学科教学有许多共性，如促进学生身心发展、提高实际应用能力、培养自主学习能力等，但英语教学也有其特性。

（一）工具性与实用性

语言是一种社会现象，是人类传递思想和信息的最重要的工具。高中英语教学承担着培养学生基本英语素养和发展应用能力的任务，即通过英语课程学习，使学生了解基本的英语语言知识，帮助他们掌握一定的听、说、读、写译技能，在促进其思维发展的同时，也为他们继续学习英语和用英语学习其他科学文化知识奠定基础。同时，英语作为一种语言，它最实用的价值就是沟通，学生如果能说一口流利的英语，能用英语撰写行文流畅、用词准确达意的文章，对他们未来的事业成功大有裨益。

（二）人文性与思想性

人文包括人类所创造的一切文化成果以及从事的实践活动，也有"教化教养"之义。从古至今，英语经历了漫长的进化与演变，它见证了西方文明不同历史时期的发展与衰落。因此，英语承载了西方文明的灿烂与辉煌，是西方世界先进思想文化的载体。

高中英语教学应充分考虑英语的人文性和思想性，以英语学习为切入点，教师除了帮助学生高效掌握语言知识和技能、减少机械记忆以外，还应注意引导学生从深层次理解和把握语言，挖掘语言所反映和传递的思想内涵，以帮助学生开阔眼界，形成跨文化和包容意识，发展创新能力，培养良好的品格和正确的人生观与价值观。

英语的人文性也要求高中英语教学着眼于英语课程对学生思想感情的熏陶，关注学生的心灵成长、心智发展和人格升华。因此，英语的工具性是人文性的基础与载体，而人文性是工具性的思想基础。只有明确了它们之间的辩证关系，教师才会淡化知识本位的教学。所以，在高中英语教学实践中，既要让学生学习必要的知识技能（听、说、读、写），用所学的英语做事情，又要把人文性渗透并贯穿于整个教学过程中，夯实学生的人性根基，丰厚其人生积淀，增强文化底蕴，为国家和社会培养出德才兼备的优秀人才。

三、高中英语教学的培养目标

（一）帮助学生获得知识

学生的学习过程不是一个行为过程，而是一个心理过程，教学的中心仍然是学生。在这个过程中，学生是中心，是关键的参与者，而教师只是帮助者。但是，在此，不是让学生学会做事，而是要扩展他的思维活动，获得新的知识。教师的任务是提供给学生所需要的一定量的知识。这里需要考虑的是"知识"一词。通常而言，学习语言有两种方式：学习语言和学习有关语言的知识。在此，知识纯粹是有关语言的特点和运用的知识。但掌握语言知识也可以称为懂英语。而懂英语除了具有掌握有关语言的知识外，还具有会说这种语言的含义，这就在解释懂英语上产生了不同观点，它既表示学习英语意味着学会有关语言的知识，也表示学会说这种语言，这两种解释实际上代表着两种不同的教学模式。学习知识可以只让学生理解和记忆即可，而不必让学生去进行实际的操练和实践，其重点是心理活动。学生不仅要理解和记忆所学的知识，还要学会实际的语言运用技能，学会把所学的知识运用到实际语言交际中去。同时，还要学会在特定的文化语境中，即在目标语言文化中，从事所要进行的交际活动和学会语言要完成的交际功能，以及所要运用的语言知识。这样，教学的目标可以有两种，即使学生学会有关语言的知识和使学生会讲这种语言。

（二）帮助学生学会英语

在教学过程中，教师可以采用各式各样的手段来帮助学生学习英语。教师先要考虑的是学生，而他们自己的角色就是指导和帮助学生。但现在我们没有考虑的是学生的任务性质，只是想当然地认为学生如何学。换言之，对教学目标没有很好地进行限定。从教学方法和程序上看，教师把教学的主体变成学生，教师这一角色只是帮助学生达到学习目的，应该说这是一个很大的进步。但这个过程只是提供一种方法，并没有提供教什么。教师可以让学生自己学，由被动变主动来考虑学什么和达到什么目标的问题：这个教学过程的目标是使学生学会英语。

（三）传授学生知识

教学的重点是语言，施事者是教师，学生只是受益者，这似乎是传统外语教学的模式。教学的目标是教给学生好的英语，使学生学会标准的、高雅的英语。从方式上来看，教师一直教，而学生则只能被动接受。至于他是否愿意接受和能接受多少，教师不太注意，而注意的是学生是否在接受。从教学内容上讲，教师教给学生许多自认为是好的语言知识，特别是美的文学语言知识，不在意这些语言知识是否在实际交际中有用。这是传统外语教学法的特点。教师通常为自己所选择的美的教学材料，或者是美的教学方式所陶醉。教师的快乐在于知道学生懂得了自己在课堂上所教授的内容，并且欣赏自己的教学内容和课堂表演。

（四）训练学生技能

"教师用英语教导学生"，学生的参与受到外界因素的影响，受到教师行为的支配，自己没有学习的主动权。但在这一过程中，教师不再是简单地像给予学生内容一样把语言教授给学生，而是把语言作为表达教师与学生关系的一种手段，即教师通过训练学生表现了自己的"权威地位"，在一系列操练过程中，使学生提高了技能，达到教师的训练目标。从课堂内容的角度讲，在这一教学过程中，教师通常提供大量的课堂训练和练习以及大量考试，教学目标是使学生掌握运用语言的技能。从教学方式上讲，教师主要让学生进行大量训练，开展许多活动，学生是这些活动的参与者和训练对象。这种教学模式既与传统教学法中教师主导一切的模式相似，也与模式训练法的教学模式相似，学生只是被训练的对象，自己没有主动权，所以难以发挥学生的主观能动性。这是一种结构主义和行为主义的教学模式。教师的教学目标主要不是让学生学习语言知识，而是使其获得语言技能。但这种技能不是实际运用语言的能力，而是一些语言模式，而且这些模式大部分是根据结构主义理论提炼出的语言结构模式，而不是根据情境语境中的语境模式提炼出来的语言功能模式。

（五）发展学生意义潜势

语言被视为一个"潜势"，称为"意义潜势"。教学的目的是使学生掌握这一潜势，并会用语言来表达意义，这显然既包括使学生掌握有关语言的知识，也包括使学生掌握语言表达的能力，学会用所学的语言说话。

（六）培养跨文化交流能力

随着新教学大纲的颁布以及英语教学改革的深入，培养学生交际能力的意识越来越深入人心。但我们在英语教学实践中却发现，尽管我们在培养学生听、说、读、写语言技能方面较为重视，但教学效果并不明显。通过分析就会发现，现行的围绕听、说、读、写、译等语言技能训练所编的教材及所采用的教学方法存在着一定的问题。严格来说，目前的英语教学还没有突破语言知识的掌握和语言技巧的训练框架，学生所学到的更多的是语言表面的知识。所以，学生说出的话、写出的文章尽管语法上正确，却不够得体。

第二节　高中英语教学的关键问题

一、高中英语教学的关键问题——个性化教学

教育学中的个性可以理解为人性在个体上的具体反映或表现。它既反映人性的共同性，也反映其差异性。个体不是以领会和接受社会文化为唯一目的，不是单纯地适应社会，而是通过接受教学培养，使自身成为个性健全、富有创造性与开拓性的人才来满足社会需要，以在继承基础上的发展为目的。

打造个性化的教学，要形成对个性化教学价值取向的理性认识，只有形成了这种理性认识，才能够在实践过程中真正把握个性化教学的精髓。

（一）打造个性化的教学

个性化教学的打造绝非易事，需要学校教学与管理各个层面的联动，这其中既包括教学理念的更新，也包括教学方式的变革；既包括校长课程与教学领导力的提升，也包括一线教师的专业发展；既包括教学改革理论的构建，也包括教学改革实践的探索。但是，应该注意的是，教学工作是学校工作的核心，也是实践教学变革的重要抓手。个性化教学是呼唤个性化的方式，而个性化又是实现个性化教学的关键因素，因此，通过个性化教学方式，打造个性化教学是教学改革与发展的理性选择。要实现这一目标，需要对个性化教学形成科学的认识。在以个性化教学方式打造个性化教学的过程中，对个性化教学应该形成以下基本认识。

第一，个性化教学，不能简单地理解为个别教学、一对一教学，而是个人的、小组的、课堂的方式有机结合，充分发挥每个学生的主体性、主动性的教学，是直接针对传统教学的问题提出的、有助于个性发展的教学模式。

第二，教师队伍是个性化教学实施的关键。教师不仅要"传道、授业、解惑"，更要有爱与责任；要热爱教学事业、热爱每位学生；要努力形成教学风格，体现教学个性；要完善培训制度，努力改变当前教师培训中的功利化倾向、形式化倾向、针对性不强等问题。通过完善培训制度，激发教师接受培训的热情，积极主动地去理解、掌握个性化教学的理念和操作程序。

第三，丰富学校课程，实施个性化教学是前提。个性化教学要求尊重学生的不同特点与个别差异。丰富的学校课程、灵活的教学方法、先进的信息技术手段、优质的各种学习资源，为学生提供足够的选择余地和途径，是个性化教学的必备条件。丰富学校课程，不仅要充分挖掘学校资源，赋予教师和学生开发与选择课程的权利，还要充分利用家庭、社会等各种校外教学资源，为学生提供更为广阔的选择空间。

第四，实施个性化教学，实现各种优势的互相补充，要重视多种教学组织形式的灵活配合。在具体实施上，从理论到实践已有各种各样的个性化教学组织形式，但没有任何一种个性化教学组织形式是万能的，教师对此必须有理性的认识，并根据教学工作的实际需要和学生学习的现实情况对教学的组织形式进行灵活的选择。

（二）探索英语教学与个性化教学的契合点

随着英语学科教学改革的推进，以及个性化教学理念的不断推广，英语学科中的个性化教学研究与实践越来越受到重视。英语学科教学与个性化教学的关系，既包含理论的认知，也包括实践的构建，而对一线的英语教师而言，我们所应该关注的，除了厘清个性化教学与个性化教育之间的天然联系之外，更为重要的是根据个性化教学推动个性化教育的基本操作原则，努力找寻英语学科教学与个性化教学的契合点。在这一过程中，最为重要和根本的就是探索通过英语学科教学实施个性化教学的有效方式方法，并总结形成能够指导教师教学改进的、具有一定推广和借鉴意义的操作原则与操作范式，而这正是英语教学所要解决的关键问题与达成的基本目标。

二、高中英语教学的关键问题——人文素养培育

我国从推行素质教育以来，人文素养培育越来越受到各级各类学校的重视，在实际工作中也取得了很大成效。时至今日，注重学生人文素养的培育已经成为时代和教学发展的必然选择。

（一）人文素养培育的必要性解析

培育学生的人文素养，不仅是社会发展赋予教学的神圣使命，也不仅是落实新课程理念、推动教学内涵式发展的必然要求，更为重要的是，它既是学生健全人格和思维方式形成的基础性条件，也是学生实现全面发展的基础性条件，还是学生适应未来社会的基础性条件。

1. 形成健全人格，改善思维方式

人文素养是一种基础性素质，对于其他素质的形成与发展具有强大的影响力，对于促进高中生综合素质的提高有很强的渗透力。这不仅表现在提高学生的学习成绩、心理素质、思想道德素质上，还表现在使学生树立正确的价值观、培育民族精神、增强非智力因素等方面（图1-2）。

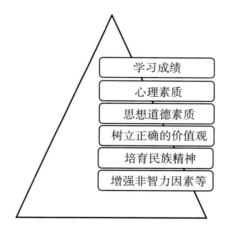

图1-2 人文素养的表现

2. 提升学生综合素质

从某种意义上说，人的专业能力、业务素质只是人的全面发展的条件，而人的人文素质，即思想境界、道德情操、认识能力、文化教养，才是人全面发展的最重要标志。高雅的人文修养可使学生自觉关怀他人、关怀社会、关怀人类、关怀自然，逐步具备健全美好的人格，使其自身综合能力得到全面提高。每一位学生应主动地、自觉地提高自己的人文素养，每一位教师都应该努力通过自身的工作促使学生人文素养提升，每一门学科都应该充分挖掘学科本身的资源，彰显通过学科教学提升学生人文素养的价值和追求。

3. 使学生适应社会发展

着眼于未来的人才培养，没有理由忽视学生人文素养的提升。缺少了人文素养的培育，学生在社会责任、国家认同、国际理解、人文底蕴、审美情趣、学会学习、身心健康和实践创新等各个相关指标的发展都将是不全面的，自然也就难以真正在现代社会立足。

（二）人文素养培育的基础路径

人文素养培育是人的成长历程中的一个中介因素，它和实现人性完满的其他因素一起共同作用，形成人性的外延，最终实现人的全面发展，达到人的本真。在教学的过程中如何培育学生的人文素养，这是一个非常有价值的研究命题。人文素养是指向学生未来发展的核心素养之一，人文素养的培育与学生其他领域核心素养的培育具有理论和方法上的共性。因此，我们在实际的教学过程中，可以从学生核心素养的培育方法上选取适合人文素养培育的合理路径。

1. 开发课程体系

落实培养目标，需要依靠课程。核心素养已成为当前许多国家教学改革的支柱性理念，对研制课程标准、开发教材与课程资源起着重要的推动作用。跨学科素养的课程形态趋向于多样化，可以以独立学科的形式存在，也可以作为更广泛的课程或学习领域的一部分，还可以贯穿于整个课程体系，由全体任课教师负责。我们在开发课程时，一定要强调课程的整体性，注重学科之间的相互融合，以整体性的课程培育整体性的素养。

2. 改进教学方法

核心素养的培育，要求改进教学方法。死记硬背、题海战术是难以培育出学生的核心素养的。由教师引导转向学生独立应用、说明和解释，发展批判性思维和问题解决能力。要求教师在教学过程中以学生为中心，参照每个学生的知识和经验，满足他们独特的需要，使每个学生的能力都得到发展。在教学改革中，需要倡导启发式、探究式、讨论式、参与式教学，激发学生的好奇心，培养学生的兴趣爱好，营造独立思考、自由探索、勇于创新的良好环境，让学生学会发现学习、合作学习、自主学习。

3. 提升教师专业素养

培育学生的核心素养，教师必须具备必要的专业素养。为此，必须加强教师培训。根据学生核心素养培育的要求，重新建构教师培训的目标、课程、模式等。

4. 推进评价改革

核心素养所具有的整合性、跨学科性及可迁移性等特征，尤其是其所包含的大量隐性知识和态度层面的要素，给评价带来极大挑战。评价重点需要由分科知识的评价转向基于核心素养领域的评价，方法技术则要求多元化。需要选取有代表性的关键指标，探索建立测评技术方法与标准体系，形成一套从抽象概念到工具测量，实证数据的核心素养指标研究流程和范式。当前需要重点关注的是，如何将学生核心素养评价体系的建构、实施，和当前的课程与教学体系、评价体系（含评价工具）、标准体系进行深度整合；如何全面提升针对核心素养指标的评价方法与技术，特别是对复杂认知能力、态度与价值观的评价，以及网上测验的开发等。

（三）人文素养培育从文化立场重构英语教学观

同个性化教学一样，学生人文素养的培育最直接依赖的还是学科教学的改革。对高中英语学科而言，要实现通过学科教学培育学生人文素养的目标与追求，首要的任务是对英语学科与学生人文素养培育之间的内在联系有一个清晰而明确的认知，而这一过程的重中之重就是从文化的立场重构英语教学观。唯有如此，教师才能真正认识到英语学科教学的文化内涵，才能主动挖掘和使用英语学科的人文素养教学资源，最终实现学生人文素养的有效提升。

英语教学与文化有着天然的联系，直接来说，英语教学在很大程度上受到文化背景的影响。在文化革新发展的过程中，对文化意识及文化环境革新转变进行全面分析可以有效提高教学过程中的文化效果，提高学生对文化的认识，对学生英语运用效果及英语学习质量都有非常好的促进作用。

1. 梳理语言文化与英语教学的关系

（1）语言与文化。语言既是文化的一部分，也是文化的载体。语言与文化之间具有非常紧密的联系，两者之间密不可分。在人类历史发展进程中，语言是随着文化的转变而逐渐变化的。不同文化背景下孕育出的语言也具有不同的意义和含义。在学习一种语言的过程中，首先，要了解相关的文化，以文化视角进入语言教学中才能从本质上提高语言的学习效果，改善语言环境质量和语言的使用质量，实现对语言文化的本质性学习和顺利应用。语言作为文化的基本表现形式，来源于文化，是对文化的阐述和发展。其次，要将文化作为英语学习的基础才可以对英语中的逻辑关系、语言特点、语言表达效果进行全面分析，对语言的价值、语言的情境进行全方面掌握和认识提高。语言与文化不可分割，没有对其中的一个的了解，就不可能完全理解另外一个。语言与文化相辅相成，相存相依，只有实现对文化的学习，才能不断提升语言水平。

（2）文化与学习。单一的语言学习非常容易造成学生的学习兴趣大幅降低，导致学生对语言学习和语言认知的效果不够显著。而建立在文化基础上的语言文学不再是单一的符号，这种文化背景下的语言是具有自身生命力的一种表现形式，其具有自身的独特展现效果及感观效果。在文化环境的革新下，语言教学可以实现对学生传统教学方式的转变，对学生在学习过程中的兴趣进行提高，为学生语言文学的发展提供了新的途径，降低了学生在学习过程中的枯燥感。文化是一座连接英语及教学之间的桥梁，文化意识教学是英语教学的基石，是教学水平提升的关键因素。

2. 推动文化引导的英语教学改革

英语学科的教学改革，需要解决的现实问题很多，从不同的立场出发，也能够衍生出不同的改革思路和方法。着眼于学生人文素养的提升，有必要推动以文化为导向的英语学科教学改革（图1-3）。

英语文化教学大纲细化

突出多元化课程创新设计

教学内容中渗透文化革新教学

强化文化情境教学的作用

充分利用外语文化资源

图 1-3 高中英语教学改革的文化导向

（1）英语文化教学大纲细化。在进行英语文化教学的过程中，相关人员要对文化教学理论进行细化，对文化教学中的复杂性进行全面分析，针对我国的教学环境和教学目标，对文化教学任务进行确定。相关人员要对文化教学过程中的知识理论体系进行重建，对知识文化结构及知识文化系统进行规范，确保教学的过程中形成完整的知识文化系统，缓解讲解过程中知识点凌乱、文化内容不突出的现象。相关人员要对英语教学文化变革形式进行全方位把握，对文化的多元化、现代化进行合理运用，保证学生在学习过程中能够对文化知识框架进行全面了解，对文化体系进行全面构建，从本质上改善学习效果。相关人员要针对文化发展特色及文化发展背景，对学生的个体化差异进行分析，将英语文化教学大纲进行完善，确保文化教学大纲的针对性、系统性、可实施性。英语文化教学大纲无须涉及教学的方方面面，只需对教学阶段衔接、教学内容进行整体把握，确保指导教师能够完成对学生的"文化中习语言"目标，为学生建立合理知识框架及知识结构。

（2）突出多元化课程创新设计。在当前的文化革新形势下，各级学校要对课程内容设计进行合理安排，对相应多元化教学课程设计进行落实，保证英语文化教学质量。例如，在进行英语教学设计的过程中，基础教学学校可以根据自身的特色及区域特点对英语内容进行合理选取，根据学生的差异性对英语教学课程进行合理设计。除此之外，教师在落实多元化课程教学的过程中还要对学生的个体差异进行分析，对学生的学习状况进行全面了解。教师要针对学生的状况实施因材施教，保证学生在学习英语的过程中实现语言平等，提高学生对英语学习的兴趣。因材施教在当前的教学过程中不仅仅指教授，更重要的是从文化角度对学生的发展进行界定，对教学属性进行确立。在这种教学创设中，学生可以实现英语教学自由发展，实现跨文化教学学习，增强自身的文化认识和对英语教学的认识，从而使得主体教学质量得到大幅改善和提升。教师可以适当开展第二教学课堂，对学生在教学中的相关问题进行解答。第二课堂可以对教学方法及教学空间、交际等进行拓展，为学生提供大量教学辅助，实现对课程的创新形式转变。学生在第二课堂中与教师既是师生又是朋友，两者之间可以自由交流、自由探讨，对英语文化及英语形式进行分析，提高学生对文化变革的认识和文化变革对英语教学重要性的了解。

（3）教学内容中渗透文化革新教学。教师在对学生进行英语教学的过程中，要对文化革新意识进行肯定，将文化教学充分渗透到教学过程中，提高学生的文化革新素质和文化教学质量。教师可以通过文化背景渲染，对学生英语阅读教学过程中的文章衔接方式进行阐述，使学生加深印象，确保学生在学习过程中能够自发进行阅读材料的衔接、分析、推理，提高学生的阅读质量。教师可以对英语教学过程中的时间衔接、地点衔接、词语衔接等文化进行讲解，对英语中的习惯语态及习惯用法进行提示，让学生能够在英语文化下学习文化知识，加深学生对英语的理解和运用。此外，在进行教学内容渗透的过程中，教师可以指导学生根据词根、仿词、形声词等对单词进行释义，将英语形成、发展过程向学生进行讲解，确保学生对英语发源文化有深入了解，提高学生的英语学习能力。教师还可以鼓励学生根据语境文化对词义进行分析推理，联系文化背景和依据上下句对文章生词进行推测，对相似的英语语法进行适当分析推测，提高阅读速度，降低学习难度。

（4）强化文化情境教学的作用。在进行文化情境教学的过程中，教师要激发学生的学习兴趣，通过创建文化情境环境，确保学生积极参与英语教学环节，提高学生对英语学习的兴趣。通过进行文化情境体验式教学，创建和谐、愉悦的教学氛围，充分调动学生的学习积极性，具体要注意以下几方面。

第一，加强对学生情感态度的分析和研究，保证学生以正确的态度进行英语学习，提高学生在课堂教学过程中的参与效果。要对学生的英语学习态度进行纠正，确保学生建立正确的学习意识和价值意识。

第二，教师要创建良好的内部文化环境，要充分发挥学生主体作用，将学生主体作用在情境体验式教学中充分应用。教师要将自身的主导作用进行充分发挥，引导学生进行学习和探究。要对学生的主体作用进行肯定，保证学生在进行英语学习的过程中能够以主体身份进行探究，让学生充分感受到英语情境体验式教学对自身成长的有益之处，对学生的英语学习能力进行锻炼，提高学生的整体英语水平。

第三，教师要建立教学文化外部环境，鼓励学生进行相关的知识学习和文化学习，对文化学习的重要性进行讲解。要对英语教学文化资源进行优化，对文化教学过程中的相关内容、资源等进行创设、构建和共享，为学生建立良好的外部环境学习空间。教师可以通过视频、图片、文章等对学生进行文化环境熏陶，让学生对英语学习文化革新进行深入了解和认识，提高学生对文化的兴趣，确保学生积极投入学习过程中。

（5）充分利用外语文化资源。外语文化资源是外语教学的重要组成部分，对外语教学具有非常好的促进作用。在教学的过程中，教师可以将语言科学、人文科学、自然科学等知识结合成一个整体，形成完整的信息综合体，实现对文化的充分渗透和传播，提高教学质量和教学效果。教师还可以通过对腾讯 QQ 等交流软件资源进行利用，增加学生在日常生活中英语学习及利用的机会，让学生在上述英语软件应用的过程中对英语文化进行更进一步的了解，实现对学生文化视野的开拓。此外，教师还可以对艺术性资源进行合理利用，对西方文化中的艺术形象及艺术作品进行引用，使课堂上单纯的语言交流转变为语言欣赏，提高教学的境界和教学的趣味，实现对学生人生观、价值观、文学修养等的全面提升。

总而言之，人的培养是教学的基本立场和最终归宿。现代社会的进步，不断重构着教学的理念、内容和方式，其中的学生个性发展和人文素养培育日益成为教学界乃至整个社会普遍关注的问题。学科教学是人才培养的重要载体和方式，挖掘英语学科教学中的人文素材，让英语学科教学的过程真正成为培养学生个性化发展和丰富人文素养形成的有效平台，是新课程改革背景下英语教学改革的重要使命，也是每一个英语教师需要认真思考和探索的重要领域。

第三节　高中英语教学策略的选择

一、聘请青年教师，重组高中英语教师队伍

在高考英语改革的背景下，通过向高中英语教师队伍输入新鲜血液的方式，可以有效地改进高中英语的教学模式，使得其从"应试模式"向"应用模式"转变（图1-4）。高中英语教师是高中英语教学成败的关键，其素质直接关系到高中英语教学的质量和效率。

第一，学校可以通过聘请年轻英语教师的方式提高高中英语课堂的活跃程度。因为年轻教师与高中生的年龄差距较小，有很多共同语言，能够更好地把握高中生的兴趣点，并设计出适合高中生的英语课堂教学方案。同时，年轻教师受传统教学模式的影响更小，这有助于高中英语教学模式的转变。

图 1-4 高中英语教学模式

第二，针对原有教师队伍中的高中英语教师，可以通过系统培训的方式，帮助其转变传统的"应试模式"教学方法，使其能够根据当前高考英语改革对高中生听、说、读、写能力的培养要求进行备课和教学，促进整个教师队伍教学理念和教学方式的转变。

二、提高高中生英语实践能力与感知能力

在高中英语教学中，学生的基础与英语学习能力存在很大差异。为了提升高中生英语的整体水平，在教学过程中，应该通过分层教学与任务型教学相结合的方式，帮助高中生提高自身的实践能力和感知能力。在课堂教学中，可以根据学生的口语、听力以及阅读写作能力的强弱进行分组，五人一组，开展任务型教学，针对高中生听、说、读、写的薄弱环节进行强化练习。在课堂上加强对学生口语的练习，要求不同组别的同学或者小组内部进行一对一的口语练习，有针对性地提升高中生的口语能力和听力能力。

高中英语教学不应该局限于课堂教学，还应该鼓励高中生利用课余时间，参与学校组织的英语角或者各种各样的英语社团进行自主学习，在具体的情境和语境下，逐步锻炼学生的英语能力。这一措施一方面可以帮助高中生对课堂上所学到的英语知识进行练习与巩固；另一方面，可以提高其日常口语交际能力，避免高中英语教学过于学术化，提高其日常应用性。

三、提高高中生的听、说、读、写综合能力

当前，网络资源成为高中英语教学的重要资源。高考英语改革也提高了对高中生英语知识面的考查，高中英语课本上所提供的知识已经远远不能满足高考英语改革对高中生英语能力提出的新要求。为此，在高中英语教学过程中，一方面，可以通过对教材进行深挖，以教材内容为切入点，向高中生普及欧美国家的风土人情等知识，提升他们对于学习英语的兴趣，促使其课下主动地搜集相关的英语科普知识；另一方面，还可以利用丰富的网络资源开展教学。例如，通过在课上讲解《经济学人》《国家地理》以及 FT 中文网、中国双语新闻等杂志上的热点文章，结合热点，带领学生展开讨论，培养学生的洞察能力和英语思维能力，使得高中生在学习过程中能够养成用英语思维思考和分析问题的能力。

这也正是高考英语改革对高中生的新要求。同时，还可以利用网络上丰富的影音资源，如播放英语视频或者歌曲的方式，帮助学生提高英语听力。

综上所述，对高中英语教材的深挖以及知识延伸，对网络资源以及相关英语杂志资源的合理利用，这些方法对于高中生英语听、说、读、写综合能力的培养以及英语思维的培养都有着良好的促进作用。

四、改变教学计划，重视英语学习管理

高考英语改革中规定高中阶段高中生拥有两次考试机会，通常是在高一、高二有一次考试机会，在高考中还有一次机会，取两次考试中的最佳成绩计入高考总成绩中。

面对当前的高考英语改革，学校必须改变原来的教学计划，既不能急于求成，又不能过于拖沓。在高中英语教学中需要加强其与高中、初中英语教学的衔接，使得英语教学呈现出一个逐级递进的教学趋势。在教学过程中，应注重高一、高二的英语教学管理，因为高考英语改革更加注重考生的英语实践能力以及综合感知能力的考核。学校可以适当降低对英语语法和单词的重视程度，加强对高中生听、说、读、写综合能力的培养和训练，尽可能地让高中生在高二参加一次英语高考，不要浪费考试机会。

面对高考英语改革的现状，高中英语教学首先需要对高一、高二的教学计划进行合理调整，同时根据高考英语改革对高中生的要求对教学内容进行合理的增删。在教学过程中，鼓励学生利用课余时间和网络资源进行自学，自主拓展其知识面，这样可以有效地降低课堂教学负担，有助于教学进度的加快。

五、促进"走班制"在高中英语教学中的应用

在高考英语改革背景下，英语教学可以效仿高中教学的"走班制"，即通过在学校开设各种各样的英语兴趣课堂，给予高中生选择自己喜欢的课堂的权利。这一措施不仅能够有效提升高中英语教学的效率，还由于赋予了高中生选择课堂的权利，使得其更加重视高中英语的学习。

在"走班制"模式下，改变了以往死板的教学模式。可以通过课堂教学有效地扩大高中生的英语知识面，不再仅仅局限于一个领域。这也正是高考英语改革的目的所在，即培养具备各个方面综合能力的、能够适应国际化发展需求的高中生。

高考英语改革也对高中英语教学提出了新的要求，促使其从"应试模式"向"应用模式"转变，要求高中英语教学应着力培养高中生的听、说、读、写综合能力，以及其感知和实践能力，这对当前的高中英语教学形成了较大的冲击。针对传统高中英语教学中存在的问题，文中提出的五条建议，对于我国高中英语教学模式的转变具有重要的借鉴价值。

第二章 高中英语教学的设计体系

第一节 高中英语教学方式

一、高中英语教学方式的认知

　　教学方式是教学行为的方法和形式，是依据课程标准所采取的教学方法和教学组织形式。教学方式的转变也是课程改革的主要内容。课程改革的主题是促进每个学生的发展。为了有效地促进学生的发展，转变和优化学习方式不是一句空话，需要每个教师在教学实践中付诸行动，落实于课堂。新课程要求教师由知识的传播者转变为学生主动建构意义的帮助者、促进者。所以，教师在教学活动中的角色是学生学习的组织者、引导者和合作者。教师应利用英语自身的魅力着力于激发学生的学习积极性，向学生提供宽松的学习空间，给学生提供参与语言实践的机会，帮助学生在自主、合作、探究学习活动中真正理解和掌握基本知识与技能、过程与方法、情感态度与价值观，成为学习活动的主人。因此，变革学习方式势在必行，教师教学行为的转变也势在必行。

　　教师要积极探索有效的教与学的方式，研究如何在教学中将语言知识转化为学生的语言运用能力，帮助学生正确理解和表达意义、意图、情感和态度，努力实践指向学科核心素养发展的英语学习活动观、实施深度教学，落实培养学生英语学科核心素养的目标。所以，自主、合作和探究的学习方式是打好高中英语课程共同基础的必由之路。自主解决问题，在人际交往中得体地使用英语是衡量学生英语水平的真正标准。我们的教学方式必须着眼于对学生潜能的唤醒、开发与提升，促进学生的自主发展；着眼于学生的全面成长，促进学生认知、情感态度，策略与技能等全方面发展；关注学生的生活环境和独特需要，促进他们有特色地发展；关注学生终身学习的愿望和能力的培养，促进学生的可持续发展。

二、高中英语教学方式的实施

　　课程改革首先通过课程结构的调整，使学生的活动时间和空间在课程中获得了充分的重视。同时，新课程通过改变学习内容的呈现方式，确立学生的主体地位，促使学生积极主动地去学习，使学习过程变成学生不断提出问题、解决问题的探索过程并能针对不同的学习内容，选择不同的学习方式，使学生的学习变得丰富而有个性。因此，教学方式就应该相应地转到优化学生的学习方式上来。

（一）提供自主学习空间的教学方式

"高中英语新课程要求教师引导学生主动学习，帮助他们形成自主学习能力。"教学的宗旨在于培养自主的学习者，也就是能够进行有意义的学习并养成终身爱好学习的学习者。建构主义学习理论指导下的教学观以学生为中心，提倡学生主动学习，重视学习结果和学习质量；重视培养学生的学习能力、思考能力和自我约束能力，而不是简单地灌输；教师应成为学生的指导者和朋友，建构主义的主要观点更加接近学习的实质，正有力地指导着各国教学改革的方向。

以阅读教学为例，以往很多教师在课堂上用大量的时间来讲述语言点、串讲课文、解释语法现象等，留给学生自己去做的事情很少。例如，代替学生回答问题、总结课文大意、造句等。课文中出现的关键词，很多教师在课堂上把它们写出来，然后让学生读。其实，高中生完全有能力自主探究词汇意思、文章主题思想及重点结构等。又如，在学习"Vocabulary"部分时，应该主要让学生结合课文的阅读自行查阅工具书，分析归纳词语的用法，甚至可以根据自己的情况扩充更多的相关知识，而不是仅仅局限于教材。教师在学生自主学习的过程中起一个帮助者、指导者的作用。

学习任何知识的最佳途径是由自己去发现。对知识而言，学生独立思考，相互讨论、交流、澄清的过程就是自己发现的过程。许多学生都渴望责任、自治和独立，他们同时也想拥有参与、选择课堂活动的权利，以及与教师共享管理课堂的权利。我们相信，当教师学会和学生分享学习过程，参与学生活动，把学生看作自我指导的学习者的时候，就能成功地培养出更加负责任、更有独立性和富有健全人格的学生。

（二）创建合作学习氛围的教学方式

合作学习教学法充分重视利用课堂教学中的人际关系，设计教学目标，通过学生与学生之间及教师与学生之间，甚至教师与教师之间的合作活动来达到共同提高学习成绩的目的，并最终培养学生良好的心理素质和合作意识。新课程积极倡导合作交流这种学习方式，具有很强的针对性。在英语课堂教学中合作学习的适用范围很广，如共同探讨课文信息背景扫除阅读理解障碍、观点交流、评价与欣赏等。合作学习的方式以小组活动为主，小组可以划分为以下类型。

第一，学生自由组合。这样的分组会使学生的配合更默契，使合作易于成功。

第二，教师根据学生的特点来划分小组。这就要求教师充分考虑到学生各个方面的能力、学习成绩、性格特点等因素，以求成员之间有一定的互补性。

第三，就近分组。例如，同位合作、前后座位的四人小组等，这种分组适合于课堂上一般性语言操练。当然教师还可以根据班级的不同特点进行灵活的分组学习，不必拘泥于形式。在合作法教学中教师应当以集体授课为基础、以小组互动为形式，并通过小组信息反馈与教师检测来达到预定的教学目标。例如，在训练口语交际技能时，教师首先要设计语言情境，介绍常用词语，做好示范引导，之后再让学生通过合作途径进行操练。

小组合作学习是推进合作交流、培养合作精神的主要途径。它可以最大限度地发挥小组的整体功能，通过学生之间的优差互补，集思广益，寻找答案，解决问题；同时，还可以完成学生之间的思想沟通和情感交流，让每个学生都体验到合作的乐趣和成功的愉悦，达到培养学生的合作能力和团队意识的目的。

（三）指导探究性学习的教学方式

高中生喜欢实践和交流，善于实践和探究，并能从中感受到学习的乐趣。这与他们的智力发展有关。智力是在单元或多元文化环境中解决问题并创造一定价值的能力；智力是一整套使人们能够在生活中解决各种问题的能力；智力是人们在发现难题或寻求解决问题的方法时不断积累新知识的能力。在高中英语教学中充分利用学生的心智优势，培养分析问题和探究解决问题的能力，是新课程提倡的理念。

高中教学的每个环节都有需要探究的内容，如语言规则的掌握调整、任务的完成等。教学中应创设生动有趣的情境，使学生产生兴趣，激发其探究的欲望，在探究过程中进行学习。可以要求每个小组做一个社会调查，调查对象包括教师、家长、学生、知名人士等，最后每个小组上交一份英文调查报告在宣传栏内展示。这样一来，每个学生在领到任务后会积极思考并行动起来。当然，完成任务需要一定的时间，但是这种教学方式会使学生在很长时间以后还对自己所学到的知识记忆犹新，甚至会使其对事物的认知方式发生变化，如学会辩证地对待新生事物。

探究性教学方式与传统的教学方式相比，有了重大的转变：由重教师传授向重学生自主探究转变；由重结果向重过程转变；由重信息单向交流向多向交流转变。这样，可以给学生学习与探索的时空，让学生去享受学习的乐趣与成就。

（四）综合运用教学技巧的教学方式

根据多元认知理论，每个人都拥有多种智能，只是某些智能的发达程度和智能组合的情况不同。即使有些学生在任何一项智能上都没有特殊的天赋，但经过智能的组合或整合，可以在某个方面表现得很突出。但是，如果没有得到智能开发的机会，不管其具有多大的生理潜能，都不可能发展出相应的智能。每一种智能在个体身上的表现形势和发展程度各不相同，有的人只有一种或几种比较突出，但其他方面相对缺乏。例如，有的人语言智能、数理逻辑智能很强，但人际交往智能或音乐智能较弱。学校教学不只是传授知识，更重要的是引导学生发展智能。以发展为轴心的多元智能理论强调以不同的教学活动来激发学生的各种潜能。

在实施新课程的过程中，教师要对学生的水平和需求进行深入了解，尊重特殊需要，发现并挖掘每个学生的潜能，使学生在学习语言的过程中发展各个方面的智能，促进学生整体素质的提高。目前很多学校进行的分层次教学就是尊重了个体智能差异、个体认知水平差异，在实践中取得了一定的成绩。一个班级学生的水平参差不齐，这就要求针对不同水平甚至不同个性的学生设计不同的任务、活动形式直至目标评价等。例如，部分同学音乐智能很突出，教师就要充分利用教材中以及课外的音乐资源，把音乐和学习内容有机地结合起来。由此可见，听歌会促进输入、消化、吸收目的语，可以提高音乐理解力，有助于对语音、节奏等语言要素的感知，接受目的语言的文化熏陶，激发学习英语的兴趣和动机。

（五）开展任务型活动的教学方式

新课标提倡把综合语言运用能力的培养落实到教学过程中，倡导体验、实践、参与、交流和合作的学习方式，实现任务的目标，感受成功，强调学生能用英语做事情。任务型语言教学通过学生之间的互动过程，大量增加语言输入与输出的量，这不仅有助于激发学生学习的主动性，还给学生提供了综合使用语言的机会，使学生有可能整体地掌握语言，综合地运用语言，并将以前学过的语言重新组合，创造性地使用语言。

实施任务型教学，要搞好任务的设计。成功的任务设计应该使学生学会用所学的语言进行交流，能使学生通过完成一个任务或一系列任务来运用某些语言知识。大量的小组活动是很有效的学习活动之一。在设计任务时，不仅要有独立完成的任务，还应有更多的小组活动和结对练习。在小组活动时，学生有了更多交流的机会，而教师应给予他们必要的帮助。任务的设计还应由易到难，充分考虑学生的兴趣，当前的能力和完成任务所需要的时间。任务应适合不同层次的学生，可以考虑给不同能力的学生发布不同的任务。学生可自由选择完成一个任务的方式及完成的顺序，并在最初的基础上修改或重做。任务型教学自始至终引导学生通过完成具体的任务来学习语言，让学生为了特定的学习目标去实施特定的语言行动，通过完成特定的交际任务来获得知识积累的方法。

任务的分类多种多样，以下列举了在课堂上常用的任务活动。这些任务可以用于各种话题以及听、说、读、写各类语言技能的培养。任务既可以单独进行，也可以组合进行（图2-1）。

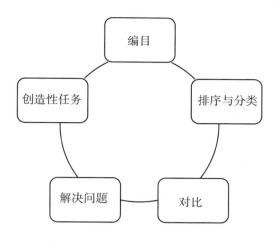

图 2-1 任务的多样性

第一，编目。这类任务可以是全班，也可以是分组结对或单独进行。例如，描绘一个人的积极品质和消极品质等。在全班或小组活动中，可以就某个话题自由讨论（brainstorm），然后列出大家已知的情况，开展交流。

第二，排序与分类。把活动、事件等按逻辑或时空顺序排列。例如，OLYMPICS 这个话题，可以根据自己喜欢的比赛项目按喜欢程度依次排序等。

第三，对比。对比任务通常是把相同性质的事物或任务进行比较，找出其共同点或不同点，如英国英语和美国英语在拼写和发音等方面的不同等。

第四，解决问题。例如，找出互联网（Internet）的隐含意义，或根据互联网的积极因素和消极因素设计使用准则等。

第五，创造性任务。这种任务往往需要一个小组的学生共同完成，而且可能不仅涉及学校生活，还延伸到课外活动，如中、英两种语言在社会生活中的相互影响等。要掌握一门外语，不是靠单纯学习语言和训练语言技能就能实现的。掌握语言大多是在完成任务开展交际活动中使用语言的结果。任务型教学为学生提供了更多的语言实践机会，同时也十分关注语言形式的学习，从而使学生达到掌握英语的目的。

第二节 高中英语课程资源

资源在汉语中的意思是原材料，而且这种原材料是具备开发和使用价值的，这个价值需要使用者进行挖掘，并不是现成的、直接可以管理的内容。所以通常会把资源看作具有管理价值的物质。对于课程资源最为全面的理解，应当将其分为广义和狭义，可以促进课程目标实现的各种因素是广义的课程资源，而直接可以形成课程的因素就是狭义的课程资源。

"英语课程资源包含英语教材以及其他可以帮助学生提高综合语言运用能力的材料和设施。"英语教师在教学过程中需要积极开发管理其他相关的资源，如录音、录像和广播电视节目等。

一、高中英语课程资源的特点

（一）条件性

英语课程资源的开发和管理需要建立在物质条件基础上，而且也需要通过人们之间的沟通和实践来开展，构建专门学习英语的过程。英语教师、语言学习材料、网络信息资源、教学设备和设施都是学生学习英语的非常重要的课程资源。学生在管理了一切语言学习的物质条件的基础上，通过人与人之间的实践交际活动的展开，构建语言学习的过程。

（二）开放性

开放性是英语课程资源最为显著的特点，也就是以开放的心态对待人类创造的一切文明成果，尽可能地开发与管理有益于教学活动的一切可能的课程资源，需要学生采用不同方式和不同渠道来学习英语、应用英语。开放性表现为在对课程资源开发和管理的过程中应不拘于资源形式、资源的空间位置和资源的开发途径，要能够做到同一资源的多用途使用和不同资源的配合使用。在高中英语教学中，除了合理有效地使用教科书以外，还应该积极管理其他课程资源，只要有利于提高教学质量，都应加以开发与管理，如适当选用国内外的优秀教材；开发真实语言素材资源；开发管理网络信息资源；开发有地方特色的校本课程资源，等等。

（三）多样化

英语教学过程中应该采用多样化的方式让学生有更多的机会视听、阅读英语，而英语学习必须实现文字输入和有声输入，涉及的体裁也应当广泛，只有做到这些，才能够使学生接受信息、理解信息和处理信息的能力得到提高。所以应当开发多样化的英语课程资源，让学生能够通过不同的方式学习英语，通过亲自参与来感受到英语的魅力。

二、高中英语课程资源的分类

英语课程资源按照不同的分类标准可以分为不同的类型。

（一）课程资源功能不同

按照课程资源的功能不同，可以将其分为条件性和素材性两种不同的类型。条件性课程资源对课程实施水平及范围意义重大，如能够对课程实施的人力、物力、场地和时间等起到决定性作用。而素材性课程资源主要是指为课程提供素材，包含知识、经验和技能、价值观、情感、态度等。教材是最为常见的素材资源。素材性的资源在互联网技术快速发展的今天也发生了很大的变化，它无法直接形成课程，只有经过加工才可以得到有效管理。

（二）课程资源分布空间

按照课程资源分布空间将其分为校内资源和校外资源。校内资源主要包含校内的各种场所，如图书馆、信息中心和专用教室等。校内课程资源同时还包含人文资源，如师生关系、学生团体和校风校纪等，活动资源包含座谈会、讨论会等。校外课程资源顾名思义就是超出学生范围的课程资源，如社区、家庭等。

（三）课程资源存在方式

按照课程资源存在方式的不同分为显性和隐性。显性课程资源指的是实物，看得见摸得到的资源，如教材、计算机以及图书馆资源等，这些实物资源能够作为直接的教学内容，开发起来难度较小。而隐性资源则是包含价值观、情感态度、人格、生活方式等，同时也包含校外的隐性资源，如行为准则、价值规范和人际关系等。虽然隐性资源无法成为直接的教学内容，但是却可以起到潜移默化的作用。

国内对英语课程资源分类的研究还相对比较薄弱，除了常规地根据课程资源的功能和空间分布进行分类外，其他比较典型的分类主要集中在从课程编制过程的角度来分类和从课程资源的设计方式进行分类。另外，英语资源按照具体载体形式的不同进行分类，具体分为以人为载体的人力资源，包含学生、教师、家长、教学专家以及社会上的相关人士等；以物为载体的物力资源，包含学习材料、网络信息资源、教学辅助设施等；活动资源包含课内和课外两大类。

第一，人力资源。课程资源的开发是由参与教学政策的制定、课程设计、实施评价活动的教学工作者、学校的广大教师和学生以及关心教学的社会各界人士共同完成的。此外，课程资源的建设问题是我国新一轮基础教学课程改革所面临的一个崭新的课题。教学专家是课程资源开发和建设的专业主体，他们在资源开发中扮演着特别重要的角色。课程专家通过对某学科领域内的筛选，为课程提供学科知识资源，不断推动本学科的发展，更新学科知识，为课程提供新的学科课程知识资源。

教师是课程的有机构成部分，是课程的主体和创造者，同时，教师也是课程资源开发的主体和承担者。教师要围绕学生的学习，合理选择教材和组织教学内容，引导学生在必要的时候走出教科书，走出课堂和学校，到充分管理校外各种资源的大环境里学习和探索。

学生是课程的主体，也是课程的创造者和建构者。学生的素质和需求是课程资源开发的依据和基础，学生自主开发课程资源的能力是实现课程目标的重要保障，也是培养终身学习能力的重要条件之一。

第二，物力资源。一是教材和教辅资料，广义的教材既包括课堂教学的教科书，也包括其他所有有利于学生学习的材料。英语教材是英语课程资源的核心部分，教学行政部门和学校要保证向学生提供必要的教材。作为学校英语教学的核心材料，英语教材除了包括学生课堂用书以外，还应该配有教师用书、练习册、活动册、挂图、卡片、配套读物等。二是语言素材资源，指人们在现实生活中为达到一定的交际目的而说和写出的语言材料。三是教辅设施，随着社会的进步和现代教学科学的发展，英语教学的形式和手段越来越丰富，英语课程的教学设施和客观条件资源的范畴也越来越广泛。教学设施资源主要有教室（含多媒体教室、视听室和供不同选修课同时进行的专用教室等）、桌椅、录音机或计算机、学校教学网络、图书馆等。

第三，活动资源。英语课程中的活动资源主要是指教师和学生管理物力资源，在教学互动中创造出的各种活动形式。传统英语教学的最大弊病在于忽视了活动，特别是实践交际活动在学生语言学习中的重要作用。课内课外活动资源主要有四种类型：一是对话。常见的对话方式有分排对话、两人小组对话、小组间对话、分列对话、伙伴对话、师生对话等。二是竞赛。面向全体学生有目的地开展英语竞赛，可以提高学生运用英语的技能，培养学生学英语的兴趣，可以开展的比赛，如朗读比赛、演讲比赛、唱英文歌曲比赛等。三是表演。教材中有大量的对话可供表演，学生可以把句型、对话、课文编成短剧进行表演，把课堂变成舞台，学生是演员，教师是导演，或师生共同表演。此外，能开展英文歌曲、演讲、话剧、朗诵欣赏会等实践活动。四是游戏。在英语活动课中恰当地运用游戏，能够调节课堂气氛，吸引学生主动参加课堂语言实践活动，强化学生听与说的训练，使英语教学变得生动、丰富，使课堂变得有趣活泼。

第三节　高中英语教学技术

高中英语新课程提倡充分利用现代教学技术，开发英语教学资源，拓宽学生学习渠道，改进学生的学习方式，提高学生的学习效率。在条件许可的情况下，教师应充分利用各种听觉和视觉手段，如挂图、音像等，丰富教学内容和形式，促进学生课堂学习；要利用计算机和多媒体教学软件，探索新的教学模式，促进学生的个性化学习；要开发和利用广播电视、英语报刊、图书馆和网络等多种资源，为学生创造自主学习的条件。教学技术对提高教学效果的意义是不容置疑的。了解现代教学技术的含义，开发并合理利用以现代信息技术为载体的英语学习资源，实现现代信息技术与英语教学的整合，是英语教师必须重视的课题。

一、高中英语教学技术的意义

现代科学技术可以反映在教学过程中所应用的一切现代的辅助设施和技术，包括利用声、光、电等技术的设备和现代化的、超前的教学观念和思维方式。其特点是直观性强、信息量大。现代教学技术的发展不仅推动了教学方法和教学手段的改进，还推动了教学思想和教学方式的改进。教学技术在学校教学中的应用，从有线广播、校内电台、录音机，到幻灯机、投影仪，再到闭路电视、语言听力实验室、计算机、多媒体设备、校园网的建设，经历了多个阶段。伴随不同的阶段，不同的教学思想、教学法、教材应时出现，给教学发展带来了勃勃生机。

现代教学媒体的介入，极大地丰富了课堂教学的方式和结构，使现代课堂教学具有传统教学不可比拟的优越性，尤其是多媒体和网络技术的介入，大大优化了英语课堂教学。因为多媒体技术对文本（text）、图形（graph）、静止图像（still image）、声音（audio）、动画（animation）和视频（video）等信息具有集成处理的能力，可以为学生提供一个全方位学习英语的交互环境；网络技术由于资源共享信息全面、量大、实时、快速，可在多个方面补充英语教学资源，尤其是听力、阅读和书面表达等方面的材料。因而，现代教学技术以它特有的科学性、形象性和运用的灵活性显示出其独特的内在魅力，促进教学形式的多姿多彩，使英语课堂教学得到了优化，从而提高了英语教学质量。

二、高中英语教学的现代教学技术

（一）时代需要现代教学技术

随着现代信息和网络科技的发展，互联网已经成为信息传递和人们获取、处理信息的重要途径。人们运用国际互联网研究信息、购物、学习与亲友交流、预订机票等，它使每个人都能够与世界上任何地方的人进行联络和交流。

英语的基本能力和现代信息技术已经成为人们所必备的基本素质。为此，英语课程顺应时代的需要，特别强调现代信息技术和互联网在英语学习中的运用，以使高中生在网络环境中发展综合语言运用能力，这种能力是他们今后生活、工作和学习所不可缺少的本领。

（二）高中英语教学需要现代教学技术

随着信息技术和互联网的发展，人们的学习方式也发生了根本性的变化。在许多发达国家，如果学习者愿意，就可以在家里完成不同的学习课程。充分利用信息技术和网络资源不仅可以作为学校英语教学的补充，大大拓宽学生英语学习的渠道；还可以促进学生学习方式的改变。通过计算机和互联网，学生可以进行个性化和自主性的学习，可以根据自己的需要选择学习的内容和采取适合自己的学习方式，可以逐步提高通过网络获取和处理信息的能力、独立学习的能力，从而使他们掌握步入社会后终身学习的技能。随着信息技术的发展，用信息技术解决问题的能力与读写算一样，已成为学生的基础能力。因此，教师在传授知识的同时，还要指导学生如何利用计算机和网络等工具更好地自主学习和探讨，培养学生自主学习的能力；教师应利用信息技术培养学生的创新精神和实践能力，提倡学生上网学习，并让他们了解常用的网址和如何进入所需的网站获取需要的知识；培养学生获取、处理信息的能力。

在英语学习方面，我们可以通过互联网直接向有关教师提出各方面的问题，并能很快收到他们的答复。学生也可以直接聆"听"语言国英语教师的教导和点拨。

（三）高中英语教学模式的现代化探索

传统的教学方式和学习方式已不能适应现代教学的要求。现代科学技术的发展已深刻地影响和改变了现代教学。现代教学离不开教学技术，离不开国际互联网络，英语教学更需要利用现代教学技术，尤其是国际互联网络。

运用现代教学技术，提高课堂教学质量已势在必行。现代的教学技术实践不应简化为单纯的技术操作过程，教师不应该仅仅是一个技术操作者。教师除了理解教学内容、掌握必要的教学技能外，还必须拥有运用教学技术的技能，有通过教学技术不断改进自己教学行为的信念和能力。一句话，教师要通过教学技术理论和实践水平的提高，不断探索新的教学模式，提高教学质量。使用教学技术组织高中英语教材教学，包括人物传记、寓言故事、社会文化、文史知识、科普小品等方面的内容。在网络中可以获取大量与课文有关的知识信息，我们可以通过计算机自己制作，或通过光盘、网络等途径获取文字、图像、声音、动画、视频，甚至三维虚拟现实等多方位信息用于课件制作，使教学内容更丰富，教学方法更多样、更灵活。但并不是取得的所有资料都能随意使用，必须因材施教。

现在应用最普遍的课件制作工具，都具有强大的多媒体集成功能，支持多种格式的文字、图形、声音、动画、视频等媒体形式，同时提供灵活的调用方式，使用者可以随心所欲地进行选播、重播、跳转，它不仅可以完全取代传统教学中的板书、录音、录像、投影等媒体展现方式，而且更高效、更灵活，可以极大地提高教学时间的利用率，保证课堂教学的流畅性，增大教学信息的容量，激发学生的学习兴趣。

三、高中英语现代教学技术应坚持的原则

第一，积极应对。以现代信息技术为龙头的现代教学技术的发展无疑是一个国际潮流。从计算机辅助教学（Computer-Assisted Instruction，CAI）到计算机辅助学习（Computer-Assisted Learning，CAL）再到信息技术与课程整合（Integrating Information Technology into the Curriculum，ITC），其理念更新之快和技术进步之神速，令人惊叹。我们要积极应对，建造和发展自己的平台。要更多地把信息技术与课程有机地整合起来，以创建理想的学习环境、全新的学习方式和教学方式，改变传统的教学结构，达到培养学生创新精神、实践能力的要求。

第二，实事求是。要根据我们的教学投入、师资、文化环境等因素，因地制宜。关键是要有应用现代教学技术的意识。重要的是要结合学校、学生和教师的实际来应用现代教学技术手段。目前，用现代教学技术来辅助教学，同时教会学生如何应用网络技术，不一定急于进入信息技术与课程整合这一理想模式阶段。

在教学实践中，并不是所有的教学内容都能够做成相应的课件，也不是所有的教学内容都必须通过课件来呈现。例如，课文中常见的情景对话就比较适合用课件来呈现，但有时只使用图片和录音机，采用常规教学方式同样会取得令人满意的课堂教学效果。所以，并不是任何内容都必须做成课件，也不一定做成课件的内容教学效果就一定好，而应该从教学实际出发，具体情况具体分析。

第四节　高中英语教学设计运用

一、高中英语教学设计的内涵

新课标理念下的教学设计，至少应包括以下内涵。

第一，教学设计是一个开放的、动态的过程，是能够充分体现教师创造性的教学"文本"，而不仅仅是静态的、物化的"作品"。"在传统的观念里，教学设计与写教案之间是可以画等号的。"教案是教学之前备课的物化产品，它设计了即将要进行的教学内容和教学组织方式，写教案本来是教师的创造性劳动，是难以用量化的指标进行评价的，但是有些学校，用教案来衡量一个教师教学专业水平的标准。教学设计是一个动态过程，就是把陷入封闭的死胡同中的教案拯救出来，把教师的创造性凸显出来。要把教学看作备课、上课、课后反思等一连串的动态过程，要看到在整个过程中教师的创造性劳动，只有如此，

我们才可能真正理解教学。教学设计是一个动态的过程，这意味着教师对教学设计的理解是没有终点的。在成为教师之前，教学设计对其而言仅是一个学术概念。成为教师之后，学术意义上的教学设计变成了活生生的实践，教学设计成了其生活的一部分，与其的创造性劳动联系在一起，这时的教学设计对教师而言就有了丰富的意义。

第二，教学设计的过程是一个教师个体的"教学哲学"觉醒、校正、丰富的过程。教师都拥有自己独特的教学哲学，我们可以称之为"个体教学哲学"或者"实践教学哲学"，它是植根于每个教师的内心并内化为教学行动的信念和理论。有人把教学理论分为倡导的教学理论和所采纳的教学理论，前者是教师口头上说的内容，有时是迫于外在形势不得不说的内容；后者是真正被教师用于指导教学活动的内容，可能教师自己都还没有意识到。教师的个体教学哲学指的就是后者。

教学设计就是要促使教师认识到自己个体的教学哲学，让这些沉睡的教学信念觉醒，并在教学中自觉地运用、验证、校正和丰富它。只有一个对自己个体的教学哲学有着清醒意识的教师，才可能形成自己的教学风格，才可能把教学引向博大、深邃的境界。

二、高中英语教学设计的要求

"高中英语作为高中生的一门重要课程，对学生英语水平的进一步提高起到关键性作用，关系到向社会输送英语人才的整体水平。"英语教学要求分为三个层次，即一般要求、较高要求和更高要求，这是我国高等学校非英语专业本科生经过高中阶段的英语学习与实践应当达到的标准。一般要求是高等学校非英语专业本科毕业生应达到的基本要求；较高要求或更高要求是为有条件的学校根据自己的办学定位、类型和人才培养目标所选择的标准而推荐的。各高中学校应根据各自的实际情况确定教学目标，并创造条件使那些英语起点水平较高、学有余力的学生能够达到较高要求或更高要求（图2-2）。

图 2-2　高中英语教学设计要求

（一）一般要求

第一，听力理解能力。能听懂英语授课，能听懂日常英语谈话和一般性题材的讲座，能听懂语速较慢（每分钟130~150词）的英语广播和电视节目，能掌握其中心大意、抓住要点；能运用基本的听力技巧。

第二，口语表达能力。能在学习过程中用英语交流，并能就某一主题进行讨论；能就日常话题用英语进行交谈；能经准备后就所熟悉的话题进行简短发言，表达比较清楚，语音、语调基本正确；能在交谈中使用基本的会话策略。

第三，阅读理解能力。能基本读懂一般性题材的英文文章，阅读速度达到每分钟70词；在快速阅读篇幅较长、难度略低的材料时，阅读速度达到每分钟100词；能就阅读材料进行略读和速读；能借助词典阅读本专业的英语教材和题材熟悉的英文报刊文章，掌握中心大意，理解主要事实和有关细节；能读懂工作、生活中常见的应用文体的材料；能在阅读中使用有效的阅读方法。

第四，翻译能力。能借助词典对题材熟悉的文章进行英汉互译，英汉译速为每小时约300个英语单词，汉英译速为每小时约250个汉字；译文基本准确，无重大的理解和语言表达错误。

第五，书面表达能力。能完成一般性写作任务，能描述个人经历、观感、情感和经历的事件等，能写常见的应用文；能在半小时内就一般性话题或提纲写出不少于120词的短文，内容基本完整，中心思想明确，用词恰当，语意连贯；能掌握基本的写作技能。

（二）较高要求

第一，听力理解能力。能听懂英语谈话和讲座；能基本听懂题材熟悉、篇幅较长的英语广播和电视节目，语速为每分钟150~180词；能掌握其中心大意，抓住要点和相关细节；能基本听懂用英语讲授的专业课程。

第二，口语表达能力。能用英语就一般性话题进行比较流利的会话，能基本表达个人意见、情感、观点等，能基本陈述事实、理由和描述事件，表达清楚，语音、语调基本正确。

第三，阅读理解能力。能基本读懂英语国家大众性报刊上一般性题材的文章，阅读速度为每分钟70~90词；在快速阅读篇幅较长、难度适中的材料时，阅读速度达到每分钟120词；能阅读所学专业的综述性文献，并能正确理解中心大意，抓住主要事实和有关细节。

第四，翻译能力。能摘译所学专业的英语文献资料，能借助词典翻译英语国家大众性报刊上题材熟悉的文章，英汉译速为每小时约350个英语单词，汉英译速为每小时约300

个汉字；译文通顺达意，理解和语言表达错误较少；能使用适当的翻译技巧。

第五，书面表达能力。能基本上就一般性的主题表达个人观点，能写所学专业论文的英文摘要，能写所学专业的英语小论文，能描述各种图表，能在半小时内写出不少于160词的短文，内容完整，观点明确，条理清楚，语句通顺。

（三）更高要求

第一，听力理解能力。能基本听懂英语国家的广播电视节目，掌握其中心大意，抓住要点；能听懂英语国家人们正常语速的谈话；能听懂用英语讲授的专业课程和英语讲座。

第二，口语表达能力。能较为流利、准确地就一般性或专业性话题进行对话或讨论，能用简练的语言概括篇幅较长、有一定语言难度的文本或讲话，能在国际会议和专业交流中宣读论文并参加讨论。

第三，阅读理解能力。能读懂有一定难度的文章，理解其主旨大意及细节，能阅读国外英语报刊上的文章，能比较顺利地阅读所学专业的英语文献和资料。

第四，翻译能力。能借助词典翻译所学专业的文献资料和英语国家报刊上有一定难度的文章，能翻译介绍中国国情或文化的文章；英汉译速为每小时约400个英语单词，汉英译速为每小时约350个汉字；译文内容准确，基本无错译、漏译，文字通顺达意，语言表达错误较少。

第五，书面表达能力。能用英语撰写所学专业的简短的报告和论文，能以书面形式比较自如地表达个人的观点，能在半小时内写出不少于200词的说明文或议论文，思想表达清楚，内容丰富，文章结构清晰，逻辑性强。

高中英语课程教学的一般要求、较高要求和更高要求是作为各高中学校在制订该校高中英语教学计划时的参照标准。各高中学校可以根据各自实际情况，对三个要求中的听力、口语、阅读、翻译、写作以及词汇量的具体要求与指标进行适当的调整，但要特别重视对听说能力的培养和训练。

三、高中英语教学的课程设计

各高中学校应根据实际情况，将综合英语类、语言技能类、语言应用类、语言文化类和专业英语类等必修课程和选修课程有机结合，确保不同层次的学生在英语应用能力方面得到充分的训练和提高。高中英语课程的设计应充分考虑听说能力培养的要求，并给予足够的学时和学分；应大量使用先进的信息技术，开发和建设各种基于计算机和网络的课程，为学生提供良好的语言学习环境与条件。无论是主要基于计算机的课程，还是主要基于课堂教学的课程，其设置都要充分体现个性化，考虑不同起点的学生，既要照顾起点较低的学生，又要为基础较好的学生创造发展的空间；既能帮助学生奠定扎实的语言基础，又能培养他们较强的实际应用能力，尤其是听说能力；既要保证学生在整个高中期间的英语语言水平稳步提高，又要有利于学生个性化的学习，以满足他们各自不同专业的发展需要。

第一，高中英语课程教学的专业设计。部分学生在高中学习的时候，需要掌握某类专业的英语知识。

第二，高中英语课程教学的个性设计。"科学合理的高中英语课程体系，必然要基于对学生的个性化需要的分析，划分多个难度层级，同时提供相互依存的、动态平衡的课程模块。"因此，个性化高中英语课程体系应以课程咨询与定制为先导，横向上考量语言知识、应用技能、人文素养，纵向上区分难度层级，测评上以阶段水平测试为评估手段，跟踪监管、动态评价课程体系的执行效果。高中在开展英语课程设计的时候，需要通过英语课程培养学生的英语基础，这些英语基础包括基本的听、说、读、写能力，学生只有具备一定的英语词汇基础、句型应用基础和英语语法基础，才能够持续地向前发展。如何为学生奠定听、说、读、写能力的基础是部分英语教师的教学难题。高中英语教师须了解到，为了让学生愿意自主地吸收英语知识，教师要设计出具有个性化的英语课程，使学生觉得在学习英语的基础上，自己的兴趣爱好能得到满足，从而使学生愿意自觉地学习英语知识，奠定扎实的英语基础。

第三，高中英语课程教学的应用设计。当前社会，人们要求学生能应用流利的英语与他人交谈，能及时写出各类英语材料，能跨文化地与其他国家的人交流，这就意味着高中英语教师除了要帮助学生奠定良好的英语基础以外，还要加强学生的应用能力。为了提高学生的英语应用能力，高中教师要在英语教学中加强英语翻译能力的训练、英语交际能力的训练、阅读写作能力的训练等。

四、高中英语教学设计的模式构建

随着教学质量的改革，高中英语教师必须创新自己的教学方法和全面提升英语教学质量，选择最有效的教学方法来提高教学质量，帮助学生的英语水平进行全面的提升。

（一）内容型教学模式

内容型教学模式与交际法具有相同的心理学和语言学理论基础，是交际教学法的一种。与交际法不同的是，内容型教学模式关注学习输入的内容，主张围绕学生需要掌握的课程组织语言教学。因此，可以将内容型教学模式定义为一种主张围绕学生所学的学科内容而展开教学的交际语言教学形态，它强调围绕学生需要获得的内容或信息，而非语言或其他形式的大纲组织教学，以达到内容教学和语言教学互相促进、共同提高的目的。内容型教学模式的语言观主要包括以下方面：①语言是一种获取信息的工具，而信息则是在语篇中建构和传递，因此，语言教学要以语篇为基础；②在现实生活中，听、说、读、写四项技能是不能分开使用的，语言教学也应把四项技能综合起来培养；③语言的使用是有目的的，学生在学习过程中要清楚所学语言材料的目的，并使之与自己的目标联系起来。内容型教学模式强调关注语言技能以外的能力和素质，因为语言本身是一个符号系统，是一种排列组合，本身的深度和美感来自"运载"的内容。

1. 内容型教学模式的主要原则

关于学习理论，内容型教学模式有一个核心观点：语言学习不局限于语言本身，而是作为一种了解信息的途径，语言学习才能成功。这个核心原则衍生出以下主要原则：①当所学习的内容被认为有趣、有用且能够指向预期目标时，语言习得才能成功。因此，增强高中学习效果，必须加强高中学习内容与学生的实际需要联系。②有针对性地进行高中英语教学，才是良好的教学，符合学生需要的教学，才会取得好效果。内容型教学模式强调学习的内容要有针对性，必须符合学生的需求。尤其在有特殊用途或学术用途的培训课程中，更要充分考虑学生具体的行业需求或学术需求。③教学要在学生已有经验的基础上进行，教学要充分考虑到学生进入课堂时已经具备一定的基础英语知识。

2. 内容型教学模式的具体应用

内容型教学模式的倡导者开发了多个中国企业品牌竞争力指数（CBI）项目，探索出多种教学模式，并将内容型教学理念描述成一个连续体，一端是内容驱动型教学，另一端是语言驱动型教学，在两极之间存在多种教学模式，使语言与内容有着不同权重。在完全和部分沉浸式教学过程中，内容是主导，二语是媒介，正规的学校课程是教授内容，它的有效性更多地取决于学生对内容的掌握，而语言的掌握是一个副产品。保护式教学的授课对象是非本族语者，由学科领域专家担任教师，但在授课过程中需要关注学生的英语水平，调整教学话语使教学内容更容易被学生所理解。

此外，教师还需要选择适合学生程度的教学材料，并根据学生的语言能力调节课程要求。附加式教学强调语言学习和内容学习同等重要，附加式教学中的语言和内容融合可以通过团队合作实现，即语言教师负责学术读写等语言技能，内容教师则负责学术内容的讲授。主题式教学通常在二语或英语教学情境中进行，课程大纲围绕主题或话题，最大限度地利用内容传授语言技能。偏向于内容驱动型的教学模式要求学生具有中级或更高的语言水平，以及相关的学科内容知识；偏向于语言驱动型的教学模式与传统的语言教学更为相似。

内容型教学模式秉承"做高中"的教学理念，鼓励学生进行自主学习、合作学习和体验学习，要求学生扮演积极的角色，积极地理解输入材料，有较高水平的歧义容忍度，愿意探索新的学习策略，多角度阐释口头或书面语料。学生可参与到学习内容和活动方式的选择中，为学习内容提供资源。学生要对内容型教学有十足信心，积极适应新的角色，成为合作型、参与型的自主学习者。内容型教学模式通常选择真实语言材料作为教材，真实性一方面指本族语学习者所使用的教材，另一方面指源于报纸或期刊文章，并非为语言教学目的而编写的材料。

（二）交际型教学模式

英语教学水平和研究水平的提高，既得益于语言学理论研究的进步，也是人们进一步认识语言本质的结果。人和人之间交流的是语言信息，语言属于信息系统，也是人类在交际过程中必不可少的工具。有交际才有语言，语言教学的目的不仅在于提高交际能力，还在于解决交际问题，因此，"高中英语课程教学既要传授给学生语言知识，也要培养学生的语言交际能力和交际能力"。大部分语言教学理论都认为让学习者具备良好的语言交际能力，才是语言教学的目标，因此，交际是高中英语的教学方向，即在交际过程中提高学生的口语运用能力。

在高中英语教学中，策略能力、语法能力、话语能力和社会语言能力都属于交际能力范围，要求学生掌握。这些要求学生不仅具备一定的交际手段和良好的语言表达能力，还要求他们掌握一定的交际规则。人们常用口语和书面语两种语言交际方式，而口语和书面语正是这两种交际方式存在的区别。书面语能力通常指英语交际能力，但无准备性、对可视情景的依赖性、交际的直接性、手势及面部表情的使用性、相对独立性等，同时它也是英语交际能力具备的特征。因此，口语交际本身的特征比较特别，但在交际时则强调互动性。

1. 交际型教学模式的主要原则

教学的场景和内容、学生和教师共同构成英语口语交际教学系统。教学信息通过这些构成要素，实现在教授系统和学习系统之间的切换，因此也推动这个系统的发展。信息在英语交际教学过程中并不是一直存在，师生在这个过程中要遵循相应原则，并且创造良好的交换环境（图2-3）。

图2-3 交际型教学模式的主要原则

（1）意义原则。意义是交际教学法的核心，因为人们在用英语沟通的过程中，重点并不在于语言的正确与否，而是在于意义的传达是否到位。教师在进行交际教学时，尽量不要对学生在语法上出现的每一处错误都给予纠正，而是应该提高容忍度。教师应意识到，无论是语言学习，还是其他学科的学习，都是在错误中取得进步。

（2）互动原则。英语交际的重点在于交际，双方在交际过程中的沟通都是以口头语言为主。因此，"交际"应该与听说一样，成为口语交际教学的重点，让课堂教学中的信息实现双向互动或是多向互动。在英语交际教学活动过程中，教师要始终以学生为中心，保证学生在交际活动中的主体地位。教师也要让自己成为平等的参与者，实现师生之间的平等交流。

（3）平等原则。交换和传递信息的人都是参与口语交际教学的主体，而且他们都是有意识且具有能动性的，其实这也是交往活动。他们在这个活动中始终保有积极状态，也说明这个过程并不是强制性的、没有互动的单边活动，而是主体之间始终有交流的双边活动。保证教师和学生之间实现平等交流，英语教师要始终以学生为中心，让学生成为课堂活动的主体。首先，在英语交际教学过程中，教师应及时鼓励学生，让学生发挥自身具备的资源优势，与教师共同进行信息的交流和沟通；其次，在教学活动过程中，教师应充分意识到学生群体是充满了充沛的情感和无限的个性，每个学生在人格、语言表达和认知方式上都存在不同。教师要做的是对学生自身具备的情感和人格给予充分尊重，才能让公平和平等出现在口语交际教学活动中，这也是双向或多向交往的前提。

2. 交际型教学模式的具体应用

（1）掌握听的技巧。听是英语交际的重要组成部分，交际的双方可以选择和调整自己的说话方式，却不能改变别人的说话方式，无论对方是怎样说的，从交际和沟通的角度而言，都要求听话者能听懂。在课堂教学中，学生要听教师的讲授、回答教师的提问、倾听同学的发言，这些都要求学生掌握听的技巧。因此，口语交际教学要教会学生成为一名合格的"倾听者"，只有听清楚、听明白，才能提高说的质量。

（2）掌握说话的技巧。听和说在口语交际过程中不可分离。说话的目的不仅是传达信息，还是表达思想。成功的口语交际需要高超的说话技巧，而说话技巧也体现在说话的连贯性上。训练学生说的能力，应从敏锐的感知力、高度的注意力、快速的记忆力、深刻的理解力、丰富的想象力、正确的品评力等方面着手。

五、高中英语教学设计的运用方法

（一）高中英语课程教学方法的标准

教学方法是连接师生双方的桥梁，从过去到现在，从传统到现代，人们创立了各式各样的教学方法。任何教学方法，都是为实现教学目的服务的。教学方法与教学目的、教材内容、教学对象有着内在的联系。运用教学方法，实际上就是把教师、学生、教材内容有效地连接起来，使这些基本因素有效地发挥各自的功能作用，从而通过所产生的教学效果来实现教学目的。因此，选择教学方法不仅要依据教学目标、教学对象、教材内容，还要依据教师本身的特点和素养条件。

第一，依据教学目标选择教学方法。不同领域或不同层次的教学目标的有效达成，要借助于相应的教学方法和技术。英语教师可依据具体的可操作性目标来选择和确定具体的教学方法。教学目标将教学的一般性任务具体化，是一个有着多种具体内容的目标群，既有知识信息方向的，也有认知技能、认知策略方向的。每一个方面的目标都要有与该目标相称的教学方法，不同的教育方法有不同的情况出现，没有一种最好的能适应各种教学情况的教学方法。

第二，根据学生的特征选择教学方法。学生特征直接制约着教师对教学方法的选择，这就要求教师能够科学而准确地研究分析学生的基本特征，有针对性地选择和运用相应的教学方法。学生特征主要是心理特征和知识基础特征两个方面。学生的心理特征主要在于强调学生年龄差异造成的在心理发展水平上的差异，教学方法应该顾及不同年龄的不同心理特征；学生知识基础特征主要是考虑学生原有知识基础或认知结构，强调学生已掌握的知识及其认知方式对学习新知识的迁移作用。

第三，根据学科内容选择教学方法。不同学科的知识内容与学习要求不同，不同阶段、不同单元、不同课时的内容与要求也不一致，这些都要求教学方法的选择具有多样性和灵活性的特点。学科内容决定了一般教学方法在各门学科中的特殊形式。艺术性强的学科知识和科学性强的学科知识在教学方法上是有着很大差别的，这是因为通向这些知识的心理过程不同。

第四，依据英语教师的自身素质选择教学方法。任何一种教学方法，只有适应了教师的素养条件，并能为教师充分理解和把握，才有可能在实际教学活动中有效地发挥其功能和作用。一般而言，教师往往使用那些掌握得比较好的教学方法，当然教师在实践中总会因自身的某些方面的特点，并根据自己的实际优势，扬长避短，选择与自己最相适应的教学方法。

（二）高中英语课程教学方法的特征

教学方法是教学过程中教师与学生为实现教学目的和教学任务要求，在教学活动中所采取的行为方式的总称。教学方法的本质特点包括：①教学方法体现了特定的教学和教学的价值观念，它指向实现特定的教学目标要求；②教学方法受到特定的教学内容的制约；③教学方法受到具体的教学组织形式的影响和制约。

教学方法是具体应用的方法，从属于教学方法论，是教学方法论的一个层面。教学方法论由教学方法指导思想、基本方法、具体方法和教学方式四个层面组成。教学方法包括教师教的方法（教授法）和学生学的方法（学习方法）两大方面，是教授法与学习方法的统一。教授法必须依据学习方法，否则便会因缺乏针对性和可行性而不能有效地达到预期的目的。由于教师在教学过程中处于主导地位，因此，在教授法与学习方法中，教法处于主导地位。

教学方式和教学手段是构成教学方法的要素，一种教学模式是由多种教学方法组成的。教学方法必须依据一定的教学理论，指向一定的目标，应用具体可操作的程序或一系列可操作的环节，解决一定的问题。

第一，教学方法与教学模式。教学模式是在一定教学思想指导下建立起来的为完成某一教学课题而运用得比较稳定的教学方法的程序及策略体系，它由若干个有固定程序的教学方法所组成。每种教学模式都有自己的指导思想，具有独特的功能，它们对教学方法的运用，对教学实践的发展有很大影响。现代教学中最有代表性的教学模式是传授—接受模式和问题—发现模式。

第二，教学方法与教学方式。教学方法不同于教学方式，但与教学方式有着密切的联系。教学方式是构成教学方法的细节，是运用各种教学方法的技术。任何一种教学方法都由一系列的教学方式组成，可以分解为多种教学方式；另外，教学方法是一连串有目的的活动，能独立完成某项教学任务，而教学方式只被运用于教学方法中，并为促成教学方法所要完成的教学任务服务，其本身不能完成一项教学任务。

（三）高中英语课程教学方法的实际运用

1. 调整、丰富教学方法

在高中英语教学实践活动中，每种课型、每类问题，都有其自身的特点。教师在教学实践中都不同程度地积累了自己富有实效的应对方法，这些方法也许是学来的，也许是自己创造的，但都有一个共同的优势，那就是适合自己的特点。选择怎样的教学方法要看它是否适合眼前的学生，是否符合新的教材和大纲要求，新的年级、其他班级的学生、其他教师等能否应用，不能用又将如何修改、调整，这些也是教学方法积累中必须考虑的。

2. 吸收优秀教学方法

在高中英语教学实践活动中积极吸收优秀的教学方法是每一个教师的愿望，目前在国内外存在着大量的经过实践证明是行之有效的教学方法，这些方法通过不断地应用并在实践中检验、论证，日臻完善，如电化教学法、引探教学法、发现教学法、建构主义教学法等，与传统的教学法相比已有许多新的发展。根据教学实际的需要，吸取已有的教学方法为自己的教学所用，是应该提倡的。应用中要注意遵从教学策略的要求，要适合高中英语教学的实际条件。

3. 组合恰当的教学方法

在高中英语教学活动中，一节课，一个问题的解决，依靠一种方法往往难以完成任务，这就需要各种教学方法的搭配或有机组合。可以一法为主、多法相助，如利用演示法教学时应有谈话法作为补充，也可以用其他方法来补充某种方法的不足。在组合、搭配教学方法中往往存在着方法之间的问题，从而影响解决问题的效率。在具体的教学中，应使所需要采用的多种方法构成有机的整体，以便更高效地解决问题，这就是已有教学方法的有机组合，也是形成教学策略的又一重要途径。

4. 改造已有教学方法

由于实际中的主客观条件不同，原有的教学方法可能无法实现教学目标，那么要想更有效地完成教学任务，就必须改变原有的教学方法。在高中英语教学中，采用自学辅导教学法，是在教师的指导下，通过阅读教材的课文和例题，在已有知识的基础上通过自学、自练、自己批改作业等手段达到学习目的。在素质较好的班级中，教师就可以大胆放手，让学生按规定目标，自觉参与学习并完成学习任务，这时可以是学生自学为主、教师指导为辅。

5. 构建新型教学方法

为了不断适应新的社会环境和新的教学观念，为了各个学科知识体系的不断更新和教学条件的不断改善，教学方法也必须有新的发展。在高中英语教学实践中，在充分吸取原有教学经验的基础上，激发学生学习兴趣和求知欲，强调教学应该教学生如何学，促进学生个性的发展。

（四）高中英语不同课程教学的运用方法

1. 语法课程

高中英语的语法教学一直是教学界的重要内容，在实践教学过程中，从课程一开始就讲授"动词"知识要点，非谓语动词（动名词、不定式、分词）、动词的时态、动词的语态、动词的语气（虚拟语气）、情态动词、助动词等，有关动词的全部内容讲授完毕后，再按照传统语法教学的顺序讲授名词、冠词、数词、形容词、副词等。

英语语法是高中英语教学的必修课，它的教学目的是帮助学生掌握比较系统、比较完整的英语语法知识，能运用语法规则指导语言实践，判断、改正语言错误，提高实际运用英语的能力。课程讲解简明扼要，其中有丰富的例句，以帮助学生深入理解语法概念。每章都附有练习题，以供学生练习提高之用。英语语法课程不仅仅是以往英语语法知识的简单再现，它涵盖的内容是复杂的，英语专业的语法课程教师，必须遵照以上规定来开展教学实践，即使是开辟新的教学方法，也必须达到相应的教学目标。

2. 听说课程

要提高学生的听力和口语水平，并使学生在以后的工作生活中能够更好地运用所学到的知识，需要做到以下几方面。

（1）教学目的要明确，教学目标要具体，突出课型。教师可以按照听说教学法的模式，直接用所要学的目标语言，也就是英语来教学生。教师借由充分的操练，使学生学会如何自动自发地使用特定的文法结构。在实际的语言课堂中，一方面，要求教师上课尽可能地用英语授课，学生也尽量避免使用母语，但是，也要结合学生的英语水平，当学生的理解出现问题时，教师可以肢体动作、辅助教具或举例帮助学生了解，或适当使用母语解释说明；另一方面，教师要充分利用课本上的材料、练习，呈现正确的范例，让学生模仿、重说。

（2）听说课教学目标的设计应有层次感，反映知识目标、能力目标和情感目标。三维目标的具体构成部分最好也应该体现在教学设计中。教学过程的设计对教师的要求很高，要求教师考虑语言输入和输出的关系，处理好二者的比例。此时，就可以充分利用情景教学法。情景教学法是在教学过程中，教师为了达到既定的教学目的，从教学需要和教材出发，有目的地引入或创设具有一定情绪色彩的、以形象为主体的生动具体的场景，以激起学生热烈的情绪，引起学生的情感体验和态度体验，帮助学生迅速而正确地理解教学内容，来提高教学效率的一种教学方法。

3. 精读课程

高中英语精读课程对我国高中英语教学的发展起着重要的作用。高中英语精读课程的教学过程具体如下。

（1）课前预习。课前预习在英语学习中占有很重要的位置，教师可以要求学生在课前认真预习新课，充分利用已有的教学参考书或者多媒体资料，熟悉课文内容。在课前明了全文大意及作者的写作意图后，学生课上会积极主动地参与教学过程，从而学有所获。

（2）课堂授课。学生学习英语的终极目的是获得运用英语进行交际的能力。多年来，高中英语教师都推崇交际教学法，借助教学参考书、多媒体光盘把语言知识的学习、吸收交给学生自己去完成，课堂上教师不必对课文及语言点进行详细的讲解分析，应用大量的时间开展以培养学生英语交际能力为中心的课堂活动。

（3）课后复习。听说法中的记忆背诵原则对学生学习英语有很好的帮助，要求学生务必背诵课后练习中指定的段落。因为在语言的学习过程中，背诵对培养学生语感、增强口头及书面表达能力起着积极的作用。另外，充分利用每个单元附带的课后练习来巩固学生所学的知识，课后的词汇练习和理解性练习可作为课堂训练，检查学生所学所用，这是一个实践练习的环节。高中英语精读课教学模式改革的重点之一，就是促进学生个性化学习方法的形成和学生自主学习能力的发展。

第三章 高中英语听力与口语教学

第一节 高中英语听力教学的概述

学生们在接受和掌握知识的时候不再被认为是认知再认知的过程，而是将语言应用到实际的生活中，通过实践来掌握知识获取技能的过程，特定环境的影响和感官能力加深了对知识的记忆。换言之，听力能力的提高，应该是一个主动学习的过程，要培养学生听力的兴趣，积极参与听力能力的训练。英语听力能力的训练，需要人大脑的多个区域参与知识加工活动，所以，听力被人们认为是学习英语语言需要获得的能力之中最难掌握的，同时，听力能力的性质，更多的是内在，很多特性不易外显，与其他技能相比（说、读、写），听力教学往往不受重视。

学生的听力理解仅仅被视为英语学习过程中获取语言输入的一种途径，任何关于英语习得的模式在试图解释学生如何学习语法时都必然涉及对语言输入的获取。

一、高中英语听力教学的目标

（一）高中听力教学目标的要求

听力教学的目标有以下三个方面的要求（见表3-1）。

表3-1　听力教学目标的要求

要求	内容
二级要求	能在图片、图像、手势的帮助下，听懂简单的话语或录音材料；能听懂简单的配图小故事；能听懂课堂活动中简单的提问；能听懂常用指令和要求并做出适当反应
五级要求	能根据语调和重音理解说话者的意图；能听懂有关熟悉话题的谈话，并能从中提取信息和观点；能借助语境克服生词障碍、理解大意；能听懂接近正常语速的故事和记叙文，理解故事的因果关系；能在听的过程中用适当方式做出反应；能针对所听语段的内容记录简单信息

要求	内容
八级要求	能识别不同语气所表达的不同态度；能听懂有关熟悉话题的讨论和谈话并记住要点；能抓住简单语段中的观点；能基本听懂广播、电视英语新闻的主题或大意；能听懂委婉的建议、劝告等

（二）高中听力教学目标的层次

随着学习的深入，针对听力目标划分了三个层次（见表3-2）。

表3-2　听力目标的层次划分

层次	内容
一般要求	能听懂英语授课；听懂日常英语谈话和一般性题材的讲座；能听懂语速较慢（每分钟130~150词）的英语广播和电视节目，掌握其中心大意，抓住要点；能运用基本的听力技巧
较高要求	能听懂英语谈话和讲座；能基本听懂题材熟悉、篇幅较长的英语广播和电视节目，语速为每分钟150~180词，能掌握其中心大意，抓住要点和相关细节；能基本听懂用英语讲授的专业课程
更高要求	能基本听懂英语国家的广播电视节目，掌握其中心大意，抓住要点；能听懂英语国家人士正常语速的谈话；能听懂用英语讲授的专业课程和英语讲座

由此可见，听力教学活动的开展应以促进听力理解和技能运用能力的提高为目标，而不是检测对听力技巧的掌握程度。因而，听力教学应有技能训练与信息获取的双重目的。换言之，教师在听力教学中不仅要训练学生的听力能力，还要让学生掌握听力材料中的知识点。

二、高中英语听力教学的特点

通常一个班级的学生的听力水平参差不齐。有些学生听力基础差，没有掌握正确的学习方法；有些学生的语音语调存在很大问题，因而很难听懂正常语速的听力材料，甚至已经学过的常用词；当然也有一些学生英语水平很高，比较容易听懂听力材料。在听力水平不同的情况下，使用相同的教材和教学方法，使得听力水平低的学生不想学，教师难授课，也就达不到提高高中英语听力水平的教学目的。"高中英语听力教学内容较为广泛，不仅包括语言知识、文化知识，还包括培养学生对听力策略的掌握和运用。"目前，一些学校尝试打破原有的班级，将学生听力水平分为提高、普通和预备三个层次，针对性地选择授课内容和授课方法，更好地贯彻了因材施教的原则。

三、高中英语听力教学的内容

听力教学的内容一般包括以下四点（见图 3-1）。

| 语音训练 | 听力技巧 |
| 听力理解 | 逻辑推理 |

图 3-1　高中英语听力教学内容

第一，听力教学语音训练。语音训练包括对听音、意群、重读等的训练，训练的程序应从词到句，再到文。对于造成听力困难或容易混淆的语音应专项训练，如：bed-bad，chip-cheap，pin-pen，ship-sheep，sit-seat，等等。语音训练是为了增强学生的语音辨别能力，为提高听力理解打下坚实的基础。

第二，听力教学听力技巧。听力技巧包括听大意、听细节、听具体信息、听隐含之意、猜词义等。听力教学包含训练这些技巧的各种听力活动。在听力考试中，掌握正确的听力技巧，不仅可以事半功倍，还可以提高答题的正确率。

第三，听力教学听力理解。听力技巧的培养是为理解服务的，除了语音和技巧的训练之外，听力教学更多的应是通过各种活动，训练学生对句子和语篇的理解能力，使学生的理解由"字面"到"隐含"再到"应用"，步步加深。

第四，听力教学逻辑推理。在听力教学中，学生除了进行语音训练，还要进行逻辑推理训练，并提高自己的语法知识，因为语法和逻辑知识是正确理解和判断的必要条件。其实这依靠的就是逻辑推理能力。另外，学习语言是需要语感的，在听力教学中，就是对信息有一定的预测能力，当能预知将要听到的信息范围时，头脑中该范围的知识储备无意中被激活，那么听力理解的效果就会好一些。

四、高中英语听力教学的模式

（一）文化导入式

文化导入式教学模式是一种通过引导的方式让学生主动建构语言与文化知识、促进英语综合运用能力的相对稳定的操作性框架。该模式主张教师在一定的教学环境中，根据教学大纲、教材和学生实际，运用正确的方法对学生进行积极引导，激发他们的思考与想象，促进学生主动进行内部心理表征的建构，从而培养学生对文化差异的敏感性、宽容性以及处理文化差异的灵活性，提高学生综合运用英语的能力。文化导入式教学模式在教学内容上注重文化概念与思考方式的引入，突出相关文化内容，在教学形式上注重学习主体作用的发挥，同时也要求教师积极发挥主导作用。

第一，适时培养学生对文化背景知识的敏感性。为培养学生对文化的敏感性，教师要充分利用教材发现问题，培养学生从文化角度来审视问题的根源，提高他们发现目的语文化现象的存在和这一文化与母语文化之间相符相悖的敏感性。

第二，听说并重，增强文化理解力。要想真正提高听力水平，必须强调听说并重。教师可以根据不同的材料通过复述、问答及根据听力组织对话、进行小品表演等形式对学生进行听力检查，这既可以加深学生对有文化内涵知识的掌握，又可以提高学生的听说能力。

第三，利用词语导入文化背景知识。词语包括单个的词和短语。语言的各种文化特征都能在词语中展现出来。教师在教学中应适当地导入听力材料中具有一定文化背景知识的词语，让学生充分理解其文化特征与内涵。

第四，借助视听媒介导入文化。教师应发挥多媒体的优势，充分利用电影、电视、幻灯片等资料进行辅助教学。因为，这些媒介是了解英语文化的有效手段，是包罗万象的文化载体。学生可以在观影中直观、真实地了解西方的社会习俗、交际方式、价值观念等文化内容。

第五，延伸教学空间，拓展英语文化。教师可以采取布置任务的方式，让学生提前查阅与所学单元相关的文化知识，并让学生以幻灯片形式展示成果，使学生在参与中增强信心和成就感。同时，鼓励学生课后大量阅读介绍英美文化的书籍，这既可获得语言知识，又可深化学生对文化差异的了解，从而提高学生的听力水平。

（二）视听说结合式

第一，视听说结合式教学的必要性。视听结合，使学生处在耳目一新的教学环境当中，在视觉和听觉的双重刺激下接受语言信息，在这种环境中启发学生说英语的兴趣可以达到事半功倍的教学效果。教师应尽可能地为学生创造练习口语的机会，将听与说有机地结合起来，以听说结合的方式切实提高其听力水平，保持英语习得过程中输入与产出的平衡。

第二，视听说结合式的教学环节。通过视听说结合的方式，可以解决英语教学中"质"的问题，通过指导学生按照粗略观看、仔细听讲、口头讲述三个步骤来完成从语言输入到输出的过程。在粗略观看阶段，教师根据视听内容，利用图片、实物、背景知识的介绍和单词的讲解等形式进行巧妙的导入，让学生对视听材料的大体内容有所掌握，为下一步教学做好铺垫；在仔细听阶段，不仅指导学生进一步明确整段话语的大意，更要把焦点放在语言材料本身，要求学生能够回答具体的细节问题，甚至能够区别细微的语音现象；在讲述阶段可以采取如问答、复述、谈论话题、讨论、情景对话、描述、角色扮演等多种形式，对视听材料有选择地进行再现、借鉴或者创造。

五、高中英语听力教学的策略

（一）树立信心，培养听力意识

1. 信心是提升英语听力的重要因素

教师要适时做好学生的心理疏导工作，帮助学生认清听力学习的重要性，启发学生：英语是一种交际工具，要想较好地与他人沟通、交流信息，必须先从听学起。只要学生树立自信心，愿意听、乐意听，并且有目的、有意识地加强听力训练，一定能取得好成绩。教师要对学习过程中学生所取得的各种进步及时给予鼓励和肯定，让每个学生都能养成良好的心理素质，从而在英语听力学习中充满信心。

2. 英语听力中树立信心的重要方式

教师激发学生对英语听力学习的信心，需要根据教学大纲里的具体内容、任务，运用多种多样的方法、手段来激发学生学习英语的信心。在课堂上，教师须尽量采用学生听得懂的语言来进行英语教学，学生可以通过教师的肢体语言、已有表情来理解文本，增强学习英语的信心。同时教师也可以选择一些有趣易懂的内容来训练学生，吸引学生的注意力，再进行教学，做对的多表扬，以提升其信心。

教师应在教学中尽可能地创设英语环境，渲染英语气氛，鼓励学生在日常生活中经常用英语问候、会谈、交流、互相听说，通过运用使其产生一种成就感，克服他们心理上的障碍，激发他们的信心。教师还可举办“英语角”“讲英语故事”“给故事配音”，组织观看英语影片等丰富多彩的课外活动，营造良好的听音环境，培养听音意识，从而提高学生的听力，增强学习信心。

另外，让学生带着问题去听，带着悬念去听，增强学生听的兴趣。例如，在讲故事时，教师先出示一部分故事的情节，再一边讲解一边出示，也可以留下结尾下节课再听，让学生发挥想象力，自己编故事的结尾，留下悬念，学生对听故事的兴趣只会越来越浓，这样不仅达到了提升英语听力的效果，也会增强学生学习英语的信心。

（二）强化语音练习，帮助正确发音

第一，实施正确的语音授课，注重语音课的教学设计。在刚开始教学生学习英语时，

应先从舌头的摆放位置以及气流的发出等方面进行讲解，并反复地练习，直到每个学生都能够准确地发音为止。只有让学生学会正确发音，才能为学生后续的听力学习打下坚实的基础。教学中还应强化语音训练，根据教材内容精心设计一些精听课。先以单词、词组为单位，训练学生对单词、固定词组的快速反应和理解能力；再以句子为单位，训练学生快速听和反应的能力。

第二，利用各种教学手段开展形式多样的教学活动。从现代教育理论来看，传播教学信息的载体越直观，信息通道中的干扰就越少，学生的认知率就越高。因此，充分利用现有的多媒体教学设施，开辟专用的课外语音视听室，让学生利用课余时间欣赏性地听、模仿不同语篇类型的听力材料，充分调动学生的学习兴趣和积极性，在美的熏陶中获取英语语感，使学生能通过自己一口漂亮的语音语调增强学习英语的自信心。

第三，适当增加语音课课时。这样能避免英语语音学习流于形式、费时低效的弊端，能切实提高高中生英语听力与运用的能力。

第四，增设校本英语语音过关考试。通过定期的语音检测或考试来促进学生对语音学习的兴趣，不断提高与完善。因此，语音过关考试是一个非常有效的检验手段，一方面可以督促学生进行自觉的后期提高和完善；另一方面可以起到查漏补缺的作用。

（三）加强词汇量，培养话语分析能力

话语分析是现代语言学里的一个新兴学科。它发展得十分迅速，而在高中的英语听力教学中，从听力话语分析的角度来提升高中生的听力水平业已成为高中英语教学的一个重点方向，也是当前国内高中英语教学中许多人关注的课题。从教学理论上来看，话语分析能将传统语言解读方式不能解读出来的英语语言现象加以解读，而且能让学生在教师的诱导中深刻理解英语的语言特色与文化背景内涵等内容。因此，话语分析的方法和研究成果对于语言教学，尤其是外语教学或第二语言教学，也有理论指导意义。

（四）优化教学听力训练的目的性与层次性

1. 优化教师听力训练的目的性与层次性

（1）听力练习的要求与目的要明确。教学中，每进行一次听力练习，教师都要提出明确的要求和要达到的目的。学生有了明确的目的，从而带着问题去听，才能提高听力效果。

（2）听力材料的选择要有层次性。教师在选择听力材料时还要具有层次性，听力练习可以先听一些简单、短小的材料，一般学生都能听得懂。当学生有了收获时，才能慢慢地对听力有兴趣，这时再逐步过渡到较深、较难的材料。

（3）科学设计听力内容和形式。有的学生在听力训练时会出现发困的现象，教师在安排听力训练时应注意时间的长短——听力材料不能太长，应每天定期进行听力训练。大部分学校都有英语早自习，教师可以占用 20 分钟的背书时间来让学生听英语听力。对于听力材料的选择教师要做到多种多样，让学生接触不同题材的听力内容，扩宽学生的知识面。

（4）技巧选择要有目的性。教师在指导学生做新教材中的听力练习题时，应指导学生打破练习题之间的限制。听完一遍后，练习题中能做的题都可以做，而且凡是能一次完成的问题就尽量一次解决。完不成的可以让学生带着问题再听，并最终完成任务，这样就减少了难度，突出了难点。

2. 优化学生听力训练的目的性与层次性

（1）听前阅读，利用好听力时间。每道听力题都会留出相应的阅读材料时间，学生要利用好这段时间提取有用的信息，分析句子问题，猜测朗读者要说的内容。

（2）进行有创意的听力训练，激发自己的学习能动性。有的学生对学习英语就是提不起兴趣，特别是男同学，他们觉得上英语课就像听天书一样，更别提听英语听力了，这时英语教师应想一些办法进行新颖的听力训练，激发学生的学习能动性。

总而言之，高中英语听力教学和训练一直受到英语教师的关注，英语教师为了能让学生在高考听力中取得高分，虽然也想出了很多种听力训练方法，但教师应注意从学生实际出发，加强对学生的平常训练，及时发现学生在听力方面的问题，对学生进行正确的指导，增强学生的听力水平。

（五）采用多元化的听力材料

在选择听力材料时，教师既要结合教学实际的需要，也要结合学生现有的能力和兴趣，还可以让学生在课堂上以英语游戏的形式参与活动，循序渐进地进行练习，最大限度地挖掘他们的潜在能力，发挥他们的主观能动性。

在多媒体教学环境下的今天，教师可以播放英文电影、教学情景对话、英文歌曲或演讲，通过增强听力内容的趣味性、实效性，适当引入一些流行元素，提高学生的英文水平。英文电影作为一种直观、形象、生动的方式，越来越受到学生的青睐。英文电影有吸引人的剧情，让学生身临其境，有些情节非常具有趣味性，影片中的英语不再是让人望而生畏的语言，而变成妙趣横生、充满生机和活力的实践。每周增加一点这些内容，并在人机对话中让学生学唱英文歌曲，进行英文电影配音，这将提高学生的英语学习热情和积极性，从而使其在轻松愉悦的氛围中提高英语听力水平，并且对提高学生的口语表达能力也非常有帮助。

（六） 重视听力材料前的提示

在给学生上听力课时，教师不能只是给他们播放录音带，也不能只给他们解释一点词汇或者短语，而是应当用已有的与材料相关的知识来引导学生。例如，教师可以用简短的讨论进入主题，让学生根据听力题目或者预先给的一些暗示来猜猜听力的内容，从而帮助学生理解所要听的材料。通过这些方式，可以让学生对将要听到的内容有所期待，也从心理上进入一个准备阶段。另外，如果材料有一定的难度，可先用简单的语言来表述，培养学生在听听力材料的同时做笔记的能力，在听听力材料之前给学生一些相关的问题，学生学习就更有目的性，效率也会提高。

（七） 抓住听力学习的重点

通常而言，学生喜欢把材料里的每个单词都理解清楚。事实上，不同的听力材料在不同的语速下，只要学生能把握听力材料的重点，即能帮助理解材料的内容即可。一般而言，一篇材料里的诸多新单词并不会影响学生理解全篇大意。教师应当经常提醒学生要听重点，根据问题留意某些细节就可以了，教会学生如何抓住听力材料的重点。

（八） 精听与泛听的扎实结合

精听是"精确听力练习"，要求学生在听力练习中捕捉到每一个词、每一个短语，不能有任何疏漏和不理解之处；而泛听是要求学生在听力练习中以掌握文章的整体意思为目的，只要不影响对整体文章的理解，一个词、一个短语甚至一个句子听不懂也不影响。精听和泛听可以结合练习，如某一篇文章中有句段可以用精听的方法练习，在练习的过程中准确无误地听到某些细节性的信息，有几段可以用泛听的方法了解文章的梗概。

六、高中英语听力教学的影响因素

听力包含人的听觉力以及能达到理解程度的各种认知能力。听力过程分为三个阶段：第一阶段，是声音进入听觉储存阶段；第二阶段，为短期记忆处理信息阶段；第三阶段，是把理解了的信息转入长期记忆阶段。这三个阶段都必须把握好，否则任何环节的缺失都会影响听力教学的效果。学生与教师层面具体探讨制约听力教学的主要因素（见图3-2）。

图 3-2　学生与教师层面具体探讨制约听力教学的主要因素

（一）语言基础的因素

语言基础知识包括语音、语调、语速、词汇、句型、语法等，这些知识如果不扎实，训练再强化也没用。在听力训练中，一旦弱读、重读、语调、连读、意群或是标点等发生了变化，即便是相同的单词组成的一句话也会有不同的意义。

（二）学生兴趣的因素

很多学生对英语听力课都不感兴趣，自身的词汇量和语法知识都不过硬，上听力课就好像在听天书，于是产生了抵触心理。这种抵触心理导致了学生在听力训练中很少积极参与，大多是在教师的监督下敷衍了事，被动应付。造成的后果就是抵触情绪越发高涨，学习兴趣越发低落，听力水平当然很难提高。有的教师为了提高学生的兴趣，采用听力课放电影的模式，这确实激发了学生上听力课的兴趣，可是如果教师缺乏正确的引导，那么听力课就会演变成电影课，学生的学习效果也是收效甚微的。

（三）母语干扰的因素

汉语是我们的母语，因而我们在语言的接受上肯定会先入为主，听力训练也难免受母语的影响。学生在听英语时，不习惯用英语直接进行思维。换言之，不能将英语语音信息直接转化为语言情景，总是习惯于将其逐字逐句用汉语翻译出来，然后再去理解，这就影响了听力理解的速度和效果。

（四）心理问题的因素

在课堂上，教师需要学生的积极参与。有的学生一听说要播放听力，心里就紧张，大脑一片空白，这是心理焦虑紧张的具体表现。有的学生由于成绩不好，于是缺乏自信，产生了自卑心理。缺乏自信的学生在上课的时候总是感到紧张不安，焦急害怕，担心被老师提问，自己回答不出来，或是回答得不正确会被老师批评和同学笑话，并且更惧怕考试，担心不及格会被老师训斥，家长责骂。这种长期的压抑状态，导致学生心理压力极大，情绪不佳，也很难提高英语听力水平。

（五）重视程度的因素

尽管现在很多学生感到英语听力在考试中占的分值越来越大，可是在平时的学习中还是没有引起足够的重视。总是觉得把语法、写作等一些知识学好了，也可以考高分，甚至有的学生把听力当成阅读理解来做，认为可以进行主观猜测，说不定还能猜对几道题。这种对听力不重视的心理因素使一些学生在听力教学和测验中存有侥幸心理，直接影响了听力水平。如果时间长了，猜中的概率很低，影响了英语的整体成绩，到那时他们就会对听力产生恐惧感，形成严重的心理障碍。

（六）听力习惯的因素

很多学生没有养成良好的听力习惯，不知道听力主要考查的是什么。在听的过程中，学生往往因一词、一句听不懂，就停下来苦思冥想，结果也影响了后面的听力内容，从而影响了听力效果。实际上，听力的目的不在于把每个词、每个句子都听懂，而在于听懂文章大意，明确主要内容。所以学生要充分认识这个问题，明白听力训练注重的不是逐字逐句地听，而是把握文章的主题和内容。

（七）听力环境的因素

听力环境对听力教学也很重要，有的学校听力设备陈旧老化，教室外有噪声，有的学生离声源过近或过远等，这些因素都会影响到学生学习的心情、兴趣和信心。教师应该尽可能地创造条件，如去语音室或者运用多媒体，安排一个良好的听力环境，帮助学生克服心理障碍，提高英语听力教学的水平。

（八）教学计划的因素

在听力教学中，教师应该对不同学期、不同阶段的学生应达到的训练目标有一个合理、科学的规划，并进行系统的安排，这样在教学过程中才不至于盲目、没有方向。学生的听力能力不仅受到自身因素的制约，也和教师的教学计划有很大的关联。过易或者过难、过于分散或者过于集中的计划安排都会影响到学生的注意力和积极性，进而产生负面影响，降低听力教学的水平。

（九）时间安排的因素

时间安排不合理主要涉及两个方面：一方面是学校对于听力教学不重视，另一方面是教师的时间安排不合理，这两种因素都会导致听力教学的时间安排不充足。如果是学校不重视，那么在做教学计划时，分配给听力课的课时就不充分；换言之，把听力教学放在了从属地位，学生的听力也就很难在课时不充足的情况下得到提高。如果教师对听力教学的时间安排不合理，有可能会造成集中训练时间过长，训练模式单一，大多只是听一两遍录音，对答案而已。互动式教学不突出，课堂气氛不活跃，学生容易产生疲劳感，听力课的效果也会下降。

（十）教材选择的因素

教师在选择听力教材时，要针对学生的学习程度、学习内容、学习目标的不同进行严格的挑选，使听力教材在内容上、目标上既有针对性、提高性，又有巩固性、衔接性。另外，听力教材在内容的选择上要新颖、多样化，调节不同学生的兴趣和口味。

七、高中英语听力教学的要求与注意事项

高中阶段听力的教学有较高的要求，归纳起来有五个方面的指标：听要能够识别不同语气所表达的不同情感，听懂有关熟悉话题的讨论和谈话并记住要点，抓住一般语段中的观点，基本听懂广播或电视英语新闻的主题或大意，听懂委婉的建议或劝告等；新课标指出，听力教学的目的是培养听的策略和语感，并特别强调培养学生在听的过程中获取和处理信息的能力。因此，在听力课教学中，采用任务型教学法，把听说作为一个大的任务，引导学生将自主学习与合作探究相结合，按照一定模式展开教学。

（一）听前的要求与注意事项

在学生听听力材料之前，通过情景介绍、解释生词、看图讨论和理解话题等活动，导入有关词汇内容，激活学生大脑中与话题有关的背景知识，引导学生对听力材料的内容进行推测或联想。听前，教师提出听的任务，让学生清楚听的目的以及听时需要做的事情。

（二）听中的要求与注意事项

听中这一环节的主要目的是培养学生听的技能和方法。根据不同的篇章结构，通过泛听、选择性精听等活动，获取材料的主旨大意，捕捉材料中的某些具体信息，进行语言、语音的学习和积累，使学生达到理解、欣赏和评价的目的。

（三）听后的要求与注意事项

听后活动的主要目的在于检查学生对听力材料的理解程度，以及运用所获取的知识解决问题的能力。利用学生从材料中获取的信息，设计"输出性"说的口头练习。教学大纲指出，高中英语教学的目的是通过听、说、读、写的训练，使学生获得英语基础知识，并转化为运用英语进行交际的能力。听和说是学习语言、获得信息、沟通情感、交流思想的中心环节。听力课上，如果学生只是单一地输入听力材料，会感到乏味、厌倦，甚至放弃，从而影响听力水平的提高。听与说在实际生活中是融为一体的。英语听说训练应注意以下问题。

第一，教师要尽可能地鼓励学生，调动学生参与口语交流的积极性。重视师生之间的感情，主动地了解学生，帮助学生克服心理障碍。在学生进行口语表达的时候，及时地表扬其优秀和进步，尽量创造一种活泼、互动、实效的英语课堂。

第二，合理掌握纠错策略，允许学生有一个"发音不准、话语不连贯、词不达意、语法混乱"的过程。在学生表达的时候，不去打断其表达而纠正错误，而是待其讲完后再指出其表达的不当之处。切记不能责备学生能力不够而伤害其自尊心，以致学生失去口语训练的兴趣。

第三，注意听说训练的结合。严格而言，英语课本身就是听、说、读、写的有机结合。没有纯粹的口语课和听力课。口语表达是一种信息输出，它的来源是听力和阅读的信息输入。

第二节 高中英语听力教学的实践

学生在听力训练过程中经常会感到听不懂，部分学生只要听力材料中有一部分听不懂，就觉得很难，没有信心听下去。也有部分学生认为虽然多数内容都听懂了，但是因为不能记住所听内容，仍然觉得自己没听懂。由此可见，听力重要的不是百分之百地听懂，而是理解。在听力训练过程中听不懂的现象主要涉及三个方面：第一，不能把握说话人的主要观点或意见；第二，不能把握主要事件的来龙去脉；第三，不能抓住关键的细节，如地点、时间、数字等。教师针对这种情况，可以在听力教学过程中运用一些教学策略，帮助学生把握听力材料，提高听力水平。

一、听前需要预览

教师在听力教学之前要教会学生进行听前预览，即在做每个小题之前，把要做的各个选项通读一遍。学生通过预览，可以事先掌握一些数字、人名、地点之类的特别信息，并可以预测要听到的句子、对话或短文的内容。对关于人名、数字、地点的问题而言，听前预览尤其重要，因为在不预览的情况下，一旦题中提到两个或两个以上的相似信息，就可能对听者产生极大的干扰作用。例如：

A. In the dormitory.

B. In the classroom.

C. In the restaurant.

D. In the library.

当读完这四个选项后，我们大致可以猜测到问题可能是有关场所的。有了这种猜测，心理上便有所准备，于是在听问题时，就会对有关的词语特别注意。

M：I'm exhausted today. I've been here in the classroom all day reading and doing my homework. What about you?

W：Not too bad. But I'm hungry now. Let's go to the restaurant, shall we?

Q：Where does this conversation take place?

当我们听完听力材料后，发现该题果然是有关场所的。然而，材料中却出现了两个地点，不过提到 restaurant，用的介词是 to，表示方向，是干扰项。因此正确的答案是 B。由此可见听前预览的重要性。

二、注意抓听关键词

有的时候可能一段听力材料并没有听懂，只是听出了几个关键词，仍然能够答对题目，这就是巧听关键词的策略。事实上，有的题目主要就是听关键词，关键词抓住了，那么问题也就解决一大半了。例如，教师在听力教学中应该经常训练学生抓听关键词，这是克服听力理解过程中记忆问题的有效方法之一。

三、边听边做有效记录

英语听力的题型有选择题，也有短文理解，学生先听到录音，然后答题，主要考查学生的记忆能力和记忆效果。有的时候学生虽然听懂了，但是由于需要记忆的内容很多，有个别地方又没有听懂，容易造成急躁情绪，学生很难记住需要听的内容。所以教师在对学生进行听力训练时，要引导学生养成边听边做笔记的好习惯。所记的内容可以是数字之类的信息，也可以是关键词。记录要以不影响听下面的内容为原则，因而速度要快，单词不一定写全，可以是缩写，也可以只写开头的字母。很多人认为做笔记是到了英语学习的高级阶段才开始的，其实做笔记应该从英语学习的初学阶段就开始逐步进行训练。做笔记要注意以下两点。

第一，准确记笔记。在做笔记时，有的学生试图把听到的内容全部记下来，这是不正确的。记的内容应该是重要的信息、容易忘记的内容，如时间、地点、数量，或者自己特别感兴趣的内容。

第二，有效准确地运用缩写与符号。要有效地运用缩写、符号等形式，减少记录的负担。有的学生在做笔记时总是写完整的句子和单词，甚至还记那些无关紧要的冠词、介词等。要培养学生有效地使用那些通用的缩写和符号，并且还可以建立自己的符号和缩写体系，因为笔记是给自己看的，建立自己的系统也是非常有效的。

四、着重关注所提问题

在听力训练中，所提的问题也是至关重要的，因为有的时候仅仅从提问的方式就可以判断出正确的选项。例如：

W：John, I called you yesterday evening, but you were not in.

M：I went to the cinema with a friend of mine.

Q：Can you tell me where John went?

选项：A. He went with Linda.

　　　B. He went to the cinema.

　　　C. He went last night.

　　　D. He went by car.

这段材料中，所提的问题是 where 而不是问 when, how 和 what，那么我们就可以很快地从四个选项中判断出正确的答案是 B。

五、听英语相关新闻

课堂的时间是有限的，教师应鼓励学生养成听英语相关新闻的习惯和爱好。听新闻既可锻炼英语听力水平，也可以了解国家大事。事实上，在学生听新闻时，不需要对一切都准确地把握，只是对于感兴趣的内容，可以用心听每一个细节。所以，学生在听新闻时，心理上是轻松愉快的，没有任何压力和包袱，这样反而会比带着任务听的效果要好。在听新闻时，主要是听一些关键词，把它们串起来，就可以了解这篇新闻的内容。

第三节 高中英语口语教学的体系

一、高中英语口语教学的现状

学生从初中、高中，一直到接受了高等教育，英语始终伴随左右。"在这长达十几年的英语教学之中，学生对英语口语的运用始终不太令人满意，不仅表现在考试中英语口语、听力的成绩上，也表现在学生英语口语的表达与沟通能力的欠缺上。"因此，要让学生明白，学习英语的最初目的与最终目标并不是为了考试，而是将英语用于实践，与他人进行交流，因为英语是一种语言，而语言是一种交际工具。我们更要懂得，在听、说、读、写四种基本能力之中，听和说是口语，读与写是书面语，它们之间是不同的。在考试之中，学生要认真地想一想这个单词用在这个句子之中是否合适，根据句子的语法与规则来斟酌，甚至在写作文时，还可以提前准备几句万能句，或者干脆是一套万能模板。但是对于口语而言，这样的办法显然行不通，对话双方所谈论的内容和话题具有一定情境，这就显现出口语学习的灵活机变性。

在口语对话中，听与说是一个整体，在双方或与多人的交谈中，事先不可能知道对方接下来要谈论什么内容，也就无法准备要谈论的素材，大部分的情况都是边想边说。另外，学生对于英语口语学习的恐惧，主要体现在三个方面：第一，词汇问题，这是大部分学生在学习时所要跨越的最大障碍，词汇积累是学习英语的关键所在，充足的英语单词的积累能够使学生在学习中如鱼得水。第二，英语是一门系统、完备的语言，英语的语法与我们的母语中文语法恰好相反，它的组织结构不符合中国人的语言习惯，因此，在练习口语时，经常会犯一些低级的语法错误。但这些并不重要，只要在犯错后总结，总结后多多练习，就能得到提升。第三，准确的英语口语发音在交流中起着关键作用。但是对绝大多数学生而言，他们不重视，也不愿意在公开场合用英语交流，甚至在课堂上面对教师的提问时也会感到为难，原因在于学生发音不正确。

在高中英语课堂中，绝大多数的教师在进行课堂教学活动中并没有使用全英语教学。除了因为现阶段学生薄弱的英语口语跟不上教师的讲授水平外，另一个重要的原因是教师为了赶教学进度而压缩在课堂上进行英语口语的教学时间。此外，学生在课堂上也习惯了听教师讲授，英语口语学习并不是一蹴而就的，需要一个长期的积累过程，而在此过程中学生也就容易丧失学习的积极性。更为重要的是，无论是家长、教师还是学生自身，在高中阶段对于口语练习能力的重视都不够，都把学习成绩视为最高标准，甚至评价一个学生和一位教师的关键尺度是看这个学生的学习成绩是否优秀，这位教师教出来的学生的学习成绩好不好，平均成绩占年级的第几名。再加上高考试卷中没有对于英语口语的考查，导致教师并不重视在教学中对学生英语口语的训练。良好的英语学习环境也至关重要，在汉语环境下练习英语口语的挑战极大，除了在课堂中接触英语口语外，学生很少在生活中有意识地练习口语。在家庭里，家长并不重视对孩子英语口语的培养，更不要说在高中繁重的作业和升学压力下抽出时间上课外口语训练班、看英文电视等。即使在学校上课之余，教师想与学生进行互动，但大多数学生是不愿与教师进行英语口语对话的。

二、高中英语口语教学的特点分析

（一）高中英语口语教学内容的特点

英语口语教学的内容是广泛的，它不仅包括在口语课上教学生如何说，而且还要从教学内容、教学安排等方面保证学生在课下都有大量的口语实践机会。因此，教学内容的广泛、可延展性是英语口语教学的一大特点。教师可以有计划地组织安排各种训练活动，把训练学生听、说、读、写、译等各项能力有机地结合起来，根据不同阶段、不同的练习目的和主题采取诸如朗诵、辩论、表演、配音、口头作文等多种形式，把握适当的难易度，巩固学生的基本功，使教学内容成为一个可伸缩的，知识性、趣味性并重的系统。

（二）高中英语口语教学评估的特点

教学评估是英语口语教学的一个重要环节。客观、全面、科学、准确的评估体系对于实现教学目标至关重要，它既是教师获取教学反馈信息、改进教学管理、保证教学质量的重要依据，又是学生调整学习策略、改进学习方法、提高学习效率和取得良好学习效果的有效手段。对学生学习的评估可分为两种：一种是形成性评估，另一种是总结性评估。无论采用哪种形式，英语口语教学的评估都是考核学生实际使用英语语言进行交际的能力。口语教学的主要内容是语音教学，自然规范的语音、语调将为有效而流利的口语交际奠定良好的基础。尤其是在高中口语教学过程中，教师重视发音的准确性，而不过分强调流利程度有助于学生培养良好的语言习惯。

（三）高中英语口语教学管理的特点

高中英语口语教学的管理贯穿于英语口语教学的全过程，要确保英语口语教学达到既定的教学目标，必须加强教学过程的指导、监督和检查。因此，口语教学的管理的特点有以下三个方面：①必须有完善的教学文件和管理系统，教学文件包括学校的英语教学大纲和口语教学的教学目标、课程设计、教学安排、教学内容、教学进度、考核方式等；管理系统包括学生口语成绩和学习记录、口语考试分析总结、口语教师授课基本要求以及教研活动记录等。②口语教学推行小班课，每班不超过 30 人，如果自然班人数过多，可将大班分成约 30 人的小班，分开上口语课。③有健全的教学管理和培训制度。英语教师的口语水平是提高口语教学质量的关键，学校应建设年龄、学历和职称结构合理的师资队伍，加强对教师的培训培养工作，鼓励教师围绕教学质量的提高积极开展教学研究，创造条件因地制宜地开展多种形式的教研活动。

三、高中英语口语教学的有效方法

（一）学生口语发音的纠正

在高中英语的第一堂课，教师应向学生阐明正确发音的重要性，即标准的发音是一个人英语口语素质的基本体现，并且督促学生积极纠正，在课下同学之间互相帮助，互相监督。教师也应该帮助学生总结一些极其容易出错的发音，并在课堂上有针对性地指出，让学生引起足够的注意和重视。教师可以安排学生课下做一些他们感兴趣的原声材料模仿练习，并要求在课堂上进行展示，如电影对白、演说词、诗歌朗诵、英文歌曲等。学生通过模仿不仅可以纠正每个单词的发音，也可以有意识地去学习纯正的语调及地道的表达方法，从而增加英语的语感。

（二）运用英语思维能力的提高

第一，鼓励学生掌握尽可能多的词组。在高中英语教学中，单词的学习不能占用太多的课堂时间，而应该成为学生自主学习的一项主要内容。学生应以词组为单位，尽可能多地掌握词组。教师为了引导学生，可以在课堂上适当地加入词组接龙竞赛之类的游戏，要求学生按顺序将自己所掌握的词组写到黑板上，这种方法一方面可以活跃课堂气氛，另一方面也可以提高学生记忆词组的积极性。

第二，背诵文章讲故事，培养语感。学生通过背诵短小精悍的文章，可以缓解畏难情绪，激发他们的兴趣，更重要的是培养了他们的语感。在跟读—朗读—背诵三部曲的练习中，学生提高了他们的断句能力和理解能力。无论怎样的材料，只要是地道的英文，难度符合学生的水平，内容是学生感兴趣的，坚持背诵，都能提高学生的语感。

第四节　高中英语口语教学的策略

长期以来，我国高中英语教学活动受到传统教学模式的影响，再加上在应试教学模式下，学校、家长、学生对于培养英语口语能力的不重视，导致学生对于英语口语的表达和与他人沟通能力欠缺，不利于学生英语教学的总体、全方位发展。英语的学习至关重要，一方面，无论初中阶段还是高中阶段，英语都是作为一门主课存在于教学工作中，很多家长为了不让孩子输在起跑线上，不顾孩子的成长规律，让孩子在幼儿园时期就开始学习英语。众所周知，学生在面临中考、高考的升学压力时，英语学习是避无可避的，对于英语口语的听力能力也是有所考查的。另一方面，英语作为世界上使用最广泛的语言之一，对外不仅在经济交流、文化交往、旅游产业的发展中起着重要作用，而且在网络日益普及与交通日益便利的大背景下，许多的高新技术开发都需要以英语作为载体。更重要的是，随着我国对外开放的日益深入，综合国力的提升，英语成为我国走向世界、增强国际交往的重要工具。

结合当今英语学习十分重要的社会背景，面对当前学习英语口语所出现的问题，教师必须采取行动，从转变传统认知，更新教学理念；家校合作，营造良好的语言环境；创新教学方式，激发学习兴趣三个方面进行努力。

一、转变传统认知，更新教学理念

在英语学习中，面对口语练习不重要，英语成绩才是决定性因素的认知现状，必须转变大众的认知观念。对家长而言，他们对孩子的英语写作十分重视，但是对英语口语练习就没有那么重视。具体而言，绝大多数学生在家学习英语时，并不会听英语录音或看视频跟着朗读正宗的英语练习发音，有的学生甚至根本不会听，将教师布置的关于听读课文的作业忽略，而家长也不会督促和检查学生完成这类作业。在假期中，家长也不会送孩子上英语口语练习班，而更多的是让孩子上阅读班、写作、翻译班等注重提高成绩的课外辅导班，这体现了家长对英语口语练习的偏见，认为这种能力的训练只是无用之功。学生对英语口语的练习是缺乏兴趣的，口语能力的训练并不能一蹴而就，学生往往在这一阶段就失去了对它的兴趣；再加上学生平常对口语的练习较少，缺乏自信心，这使他们害怕出错而不敢开口讲英语。对教师而言，在课堂上教师只是一味地对学生灌输知识，采取简单的方式让学生机械地读和背，这是"应试模式"下传统的教学方法，这些对于传统的英语口语能力的错误认知需要改变。

在当今时代，中国需要的是具有实践能力，拥有全方位、综合性素质的人才，这样才能为祖国的发展壮大贡献力量。在应试教学制度下的教学活动受到学校、家长、社会多个方面的热切关注，但教师理应明白，提高学生的学习成绩，将他们送上更广阔的舞台是教师的职责，更为重要的是要为祖国培育具有综合性素质的人才。

二、家校合作，营造良好的语言环境

营造良好的语言环境是培养学生英语口语能力的保障。在课堂上，教师应坚持以学生为主体的原则，把课堂交还给学生，多听学生的建议和要求，多与学生进行互动与交流。

在上课时，可以抛出一个让学生感兴趣的 topic，采用提问或小组合作探究的方式调动学生学习的积极性，活跃课堂气氛，使教学的效果更好；在家庭中，并不是每一位家长都能为学生创造良好的英语学习环境，但是家长可以做到督促学生保质保量地完成教师布置的口语练习，并督促他们利用空余时间在手机或录音机上跟读英语。

三、创新教学方式，激发学习兴趣

在学习中，兴趣是最好的老师。在英语课堂上，教师可以采取多种方式，让学生在轻松愉悦的环境中进行学习。例如，在学习一篇较长的课文时，让男女学生分段朗读，或让小组推举学生进行情景对话，这样既能让学生深刻理解课文内容，也能锻炼学生的英语口语能力，培养学生的语感。这样的方法活跃了课堂气氛，使学生的注意力高度集中，也使他们更为踊跃地加入课堂学习之中。或者在课堂活动中，由教师在多媒体课件上展示几幅图片，鼓励学生进行描述。这样的做法将语言与画面相结合，创新了不一样的教学方式，有助于帮助学生理解记忆，也增强了学生的语言表达能力。

特别应注意的是，教师要善于发现学生的闪光点，不应放弃每一个学生，要多关注学习有困难的学生，在课堂上多给他们创造条件，多进行鼓励。在课堂讲解中，教师可以采取小组合作探究的方式，提出问题让学生讨论解决并且熟读课文，解决不认识的单词，将课文编成对话的形式，让学生分角色扮演其中的人物，长对白由表现较为优异的学生负责，学习有困难的学生则负责短对白。这样的做法既有助于学生之间的团结协作、互帮互助，也有利于激发学生学习的兴趣，提高语言表达能力。

提高英语口语教学能力是提高英语综合素质的重要内容，无论是家长、教师还是学生自身都应加以重视，英语口语的提高需要长期训练，并非立即就能够完成的，家长和教师应该多一些耐心，不断地引导学生进行训练。面对各种问题，英语口语能力的提升需要各方面的努力，未来仍是任重而道远。

第四章 高中英语阅读与写作教学

第一节 高中英语阅读教学的体系

一、高中英语阅读教学的目的

阅读教学不仅是为了让学生掌握一定的语言知识，而且要从中获取有用的信息，同时掌握一些阅读的技能、技巧。概括起来，阅读教学的目的至少应包括：①扩充学生的词汇和习语；②扩充和巩固学生的语法项目；③发展一般性的阅读技能；④掌握推导性的阅读技能；⑤掌握批判性的阅读技能；⑥通过各种技能获取有用的信息。阅读教学成功与否，与教师对阅读教学目的的认识有关。因此，我们首先要明确阅读教学的目的，才能使教学有一个明确的方向。

高中英语阅读教学的目的由提高阅读能力转变为提高阅读能力和阅读品格以培养学生较高的阅读素养，为学生终身学习奠定良好基础。为此，我们将从阅读能力和阅读品格两个方面来论述高中英语阅读教学的目的。

（一）提升高中英语教学的阅读能力

英语阅读能力包括解码能力、语言知识、阅读技巧和策略等，它们是高中英语阅读教学要培养的基本能力。

1. 解码能力

阅读理解能力，包含阐释能力（对读物信息进行阐释的解码能力）、组合能力（对读物信息进行重组的编码能力）和扩展能力（对读物信息进行摒弃的评码能力）三个层面，这三个层面贯穿于阅读全过程。阅读阐释能力即解码能力指的是对文本的独特构造、艺术技巧、表达方式和修辞手段等的理解和拆解能力，是阅读理解能力的基本乃至核心能力，因为只有真正解开特定文本的"码"，才能对文本本身进行认知和品味，进而弄明白这篇文章是怎么写的、好在哪里等问题。解码能力包括解释（让抽象内容具体化）、概括（把具体内容抽象化）和开掘（使隐含内容明示化）三项操作技能。"解释"是将语篇读厚，

"概括"是将语篇读薄,"开掘"是将语篇读透。准确深刻的理解能力在很大程度上取决于分析概括能力。分析透,才能概括准;概括准,才能迁移对。

理解多模块语篇,除了需要使用传统的文本阅读技能之外,还需要观察图表中的信息、理解符号和动画的意义。所以,高中英语阅读解码能力分为读和看两种语言技能。对高中生应达到的英语读和看的语言技能,按照普通高中英语必修课程、选择性必修课程和选修课程(提高类)三个层次分别做了具体要求,详见表4-1。

表4-1 普通高中英语课程语言技能之读和看的语言技能内容要求

课程类别	语言技能	语言技能内容要求
必修	理解性技能	1. 从语篇中提取主要信息和观点,理解语篇要义; 2. 理解语篇中显性或隐性的逻辑关系; 3. 把握语篇中主要事件的来龙去脉; 4. 抓住语篇中的关键概念和关键细节; 5. 理解书面语篇中标题、小标题、插图的意义; 6. 确认关键字词和概念以迅速查找目标信息; 7. 根据语篇标题预测语篇的主题和内容; 8. 批判性地审视语篇内容; 9. 根据上下文线索或非文字信息推断词语的意义; 10. 把握语篇的结构以及语言特征; 11. 识别书面语篇中常见的指代和衔接发展; 12. 借助话语中的语气和语调理解说话者的意图; 13. 根据话语中的重复、解释、停顿等现象理解话的意义; 14. 理解多模态语篇(如电影、电视、海报、歌曲、漫画)中的画面、图像、声音、符号、色彩等非文字资源传达的意义; 15. 课外视听活动每周不少于30分钟;课外阅读量平均每周不少于1500词(必修课程阶段不少于4.5万词)

课程类别	语言技能	语言技能内容要求
选择性必修	理解性技能	1. 区分、分析和概括语篇中的主要观点和事实； 2. 识别语篇中的内容要点和相应的支撑论据； 3. 识别语篇中的时间顺序、空间顺序、过程顺序； 4. 理解多模态语篇中文字信息与非文字信息（图表、画面、声音、符号）在建构意义过程中的作用； 5. 根据定义线索理解概念性词语或术语； 6. 根据语篇标题预测语篇的体裁和结构； 7. 根据语境线索或图表信息推测语篇内容； 8. 通过预测和设问理解语篇的意义； 9. 根据上下文推断语篇中的隐含意义； 10. 借助语气、语调、停顿识别说话者的讽刺、幽默等意图； 11. 根据连接词判断和猜测语篇中上下文的语义逻辑关系； 12. 批判性地审视语篇涉及的文化现象； 13. 识别话语中加强或减弱语气和态度的词语； 14. 课外视听活动每周不少于 40 分钟；课外阅读量平均每周不少于 2500 词（选择性必修课程阶段不少于 10 万词）
选修（提高类）	理解性技能	1. 用解释和评价口语和书面语篇反映的情感、态度和价值观； 2. 理解电影、电视、画报、歌曲、报纸、杂志等媒介语篇中的文字、声音、画面和图像是如何共同建构意义的； 3. 根据语篇中的事实进行逻辑推理； 4. 将语篇的内容与自身的经历联系起来； 5. 批判性地审视语篇的价值取向，语篇的结构和语篇的连贯性； 6. 识别并推论语篇中隐含的观点； 7. 识别语篇中的隐喻等修辞手段并理解其意义； 8. 分辨语篇中的冗余信息； 9. 识别语篇中的字体、字号等印刷特征传递的意义

表 4-1 显示出，高中英语读和看的语言技能的内容要求因必修、选修以及提高类选修不同而分为三个水平级别，级别越高要求越高。

2. 语言知识

学习语言知识的目的是发展语言运用能力，因此要特别关注语言知识的表意功能。语言教学的主要任务之一就是帮助学习者认识到语音、词汇、语法等语言要素是如何相互联系，共同组织和建构语篇的。所以，在语言知识的诸多项目中，教师除了关注语音、词汇、语法的教授外，还应把重点放在语篇知识和语用知识的教授上。

（1）语篇知识。语篇知识是关于语篇如何构成、语篇如何表达意义以及人们在交流的过程中如何使用语篇的知识。语篇中各要素之间存在着极其复杂的关系，如句与句、段与段、标题与正文、文字与图表之间的关系，这些关系涉及语篇的微观和宏观组织结构。语篇的微观组织结构包括句子内部的语法结构、词语搭配、指代关系、句子的信息展开方式等。语篇的宏观组织结构既包括语篇中段与段的关系以及语篇各部分与语篇之间的关系，也包括语篇类型和语篇格式等。语篇知识有助于语言使用者正确理解语篇，在语言理解与表达过程中具有重要作用。例如，有关语篇中的立论句、段落主题句、话语标记语等知识可以帮助读者把握文章的脉络，从而提高阅读效率；有关语篇结构、语篇的组织成分等的知识可以帮助读者快速了解语篇类型，以准确把握作者的写作目的。

（2）语用知识。语用知识指在特定语境中准确地理解他人和得体地表达自己的知识。掌握一定的语用知识有助于根据交际目的、交际场合的正式程度、参与人的身份和角色，选择正式或非正式、直接或委婉、口头或书面语等语言形式，得体且恰当地与他人沟通和交流，从而达到交际的目的。因此，在英语作为国际通用语言的背景下，学习和掌握一定的语用知识对提升高中生有效运用英语的能力和灵活的应变能力大有裨益。

语篇交际功能上的连贯有赖于语篇产生时的语境知识和语篇使用者的语用知识。由于语篇的连贯实际上是读者根据语境信息和语用知识来掌握作者的交际意图，在这个意义上，读者对语篇的理解越透彻，越能掌握语篇的连贯性。因此，为了理解语篇的整体意义，语言使用者应积累一定的语用知识。如做不到这一点，就很难对语篇进行深层次的理解。语言的得体使用必须考虑交际参与者所处的语境，换言之，语言形式和语体风格会因交际场合的正式程度、行事程序、交际参与人身份的不同而不同。总体而言，语境主要涉及交际的时间、地点、情绪等环境因素，参与人的交际目的、交际身份、处境及心情等个体因素。因此，在阅读教学中，教师要增强语用意识，引导学生明确语料中交际场合、参与人的身份及其之间的关系，帮助学生认识到语言形式的选择受到具体交际情境的影响。

3. 阅读技巧和策略

阅读技巧和策略指的是阅读过程中读者为了达到阅读目的所采用的技巧和方法（图4-1）。有了这些技巧和策略，读者就能提高阅读效率，就能更快、更准确地理解阅读语篇意义和作者的写作意图。

（1）略读。略读，又称跳读，是一种非常实用的快速阅读技能。略读是指快速读过去，提取出读物中关键性的内容，如文章主旨、文章框架结构、段落内部层次、关键信息的对应位置等。换句话说，略读是有选择地进行阅读。因此，把这种阅读方法理解为快速

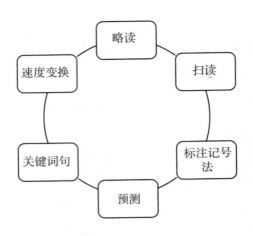

图 4-1　阅读技巧和策略

浏览语篇，领会文章大意。一般而言，略读的速度是普通阅读速度的 3~4 倍。在略读过程中，可采用以下技巧：以一般阅读速度，阅读文章开头的一两段，力求抓住文章大意、背景情况、作者的文章风格、口吻或语气等；阅读段落的主题句和结论句以掌握段落大意，然后略去细节不读，以求得略读速度；根据文章的难易程度和要达到的目的，不断灵活地调整阅读速度；注意转折词，如 however、moreover 和序列词，如 firstly、secondly 等的表意功能。

（2）扫读。扫读又称查读，是一种快速阅读技巧。scan 就是通常说的"扫描"，其特点是快，但又要全部扫及。scan 这个词的词义似乎矛盾，它既可以理解为"仔细地审视"，也可以理解为"粗略地浏览"。从形式上看，扫读是粗略地一扫而过，一目十行，但从读者的注意方面来看，却又是高度集中，在快速阅读中仔细挑出重要的信息，如人物、事件、时间、地点、数字等。因此，扫读可以理解为迅速找出文章中的有关事实细节或某一具体信息：有时要找出的是某一个单词或词组，如人名、地名、日期、价格等；有时要找出的是诗文中所描述的某一特殊事件，而这一事件可能是由一个词或短语交代的。在扫读过程中，我们的眼睛从上到下很快地扫过页面，直到发现所需要的信息，再停下来仔细阅读这部分。

（3）标注记号法。标注记号法是在掌握了文章的大意后，再根据所提出的问题进行细节阅读时使用的一种阅读技巧。要认真理解每个句子，在理解句意的基础上，对一些关键词、重要词组或一些比较重要的句子，适当地标注记号，以便理解时使用。

（4）预测。预测也是快速阅读时常用的一种方法和技巧。在读正文前，可以根据标题（如果有标题的话）对语篇的大概内容进行合理的预测。同时，也可在读了两三段之后预测下段内容，这对快速理解和整体把握文章内容以及推测出生词的词义范围有积极的意义，因为英语单词一词多义现象很普遍，一个单词在不同的专业领域往往含有不同的意思，甚至有的单词在同一专业领域在其意义的具体把握上也有细微的差别。

（5）关键词句。在对文章的整体内容有了基本认识的基础上，我们应学会抓主要的词句，找出段落中的主题句，从正面领会文章的主要内容，并得知该文内容对自己是否有利用价值。

（6）速度变换。在阅读时，阅读速度是不均匀的。由于阅读是一种有相当心理负荷的脑力劳动，即使同一个人阅读同一份材料，在阅读的开始、中途和结束时，阅读的速度也不可能一样。再者，由于读物的体裁和难度不一样，阅读的速度也会不同。此外，不同的阅读重点和阅读目的，也会使阅读速度不同。所以，在阅读时没必要过分在意自己的阅读速度，以免造成不必要的心理压力。我们应认识到阅读文章时的速度是可以调节的，只有合适的速度才可能获得快速、准确的阅读效果。

除了上述六种技巧之外，教师还应帮助学生熟悉并掌握不同的阅读方法，如自上而下式（to-down）、自下而上式（bottom-up）以及交互式（interactive）阅读方法等，同时还要让学生明白阅读不是一种被动接受的活动，应特别注意培养学生阅读过程中与作者的互动，要让学生学会用新图式来取代原有图式，并且使新图式与其他相关图式相关联，从而达到阅读理解的目的。

（二）提升高中英语教学的阅读品格

阅读品格能够促进个体参与社会活动，促进发展所需要的综合素养。培养良好的阅读品格，对提升学生学习自觉性、建立良好阅读习惯、促进学生自我探究学习等具有重要的促进作用。以往有关阅读品格的研究主要围绕阅读兴趣、阅读动机、阅读态度、自我评价等内在心理范畴展开，但 PIRLS（国际阅读素养进展研究）将阅读量和阅读频率等外在行为范畴也纳入阅读品质的研究范围中，并将其与内在心理范畴相结合，统称为"阅读行为与态度"。阅读品格分为阅读习惯和阅读体验两个部分。阅读习惯包括阅读行为、阅读频率和阅读量；阅读体验包括阅读态度、阅读兴趣和自我评价。这两个部分相辅相成、缺一不可。良好的阅读习惯会促进高质量的阅读体验，而高质量的阅读体验也一定会帮助学生形成良好的阅读习惯。下面我们按照王普教授的分类分别进行论述。

1. 阅读习惯方面

习惯是人的第二天性，教学就是逐渐培养良好的习惯。良好的学习习惯是最理想的学习督促者。阅读习惯是实践巩固下来的阅读方式、阅读方法和阅读程序等的统称，即适应阅读所需要的熟练的行为方式与思维定式。由于思维的趋向性有积极的一面，也有消极的一面，所以习惯也有优劣之分。好的阅读习惯能正确反映阅读能力，有利于学习，终身受用。英语阅读习惯分为阅读行为习惯、阅读频率习惯和阅读量习惯。

（1）阅读行为习惯。阅读行为是指人们阅读的方式、习惯、特点等。教师应该从以下几方面做起，帮助学生规范自己的阅读行为，以形成良好的阅读习惯。

第一，帮助学生制订阅读计划。制订阅读计划旨在督促学生每天能够按阅读计划完成一定量的阅读任务。为了实现这个目标，要让学生养成走到哪里都带书的习惯，坚持人去哪儿书就去哪儿。这样一来，只要学生有时间，就可以随时阅读，同时还要指导学生制定一个阅读清单，里面是学生想读的书。读完一本书后，学生就可以在清单上做个记号，当整个清单上的书都读完时，学生就会非常有成就感。

第二，引导学生开展定向阅读和选择阅读的习惯。定向阅读是指要按自己的兴趣、目标能力进行阅读。人生有涯而知无涯，如果在广泛涉猎的基础上，能够选择一两个中心兴趣进行大量、深入的阅读，一定会起到事半功倍的效果。选择阅读是指阅读要有选择。世上图书千千万，其中大有不值一读者，有的需要浅尝辄止，只有少数需要品尝咀嚼。由于时间和精力有限，读前必须加以选择。选择阅读有两层含义：第一层含义，要读一流内容的书；第二层含义，要读一流作者的书。

第三，指导学生做读书笔记。和读书清单一样，读书笔记不仅是记录书名和作者、开始和完成的时间，还要记录好词佳句、中心思想和写作特点，更要记录所思所想。长此以往，当学生回头翻阅读书笔记的时候，一定会获得不少乐趣。

第四，指导学生掌握正确的阅读方法。阅读方法是理解阅读内容，从中接受信息所采用的手段和途径。阅读方法分为不同类别和层次。按思维方法来分，有分析法、综合法、比较法、概括法、归纳法和演绎法；按文体来分，有散文阅读法、小说阅读法、诗歌阅读法、剧本阅读法、科技文阅读法；按阅读方法来分，有朗读法、默读法、精读法、泛读法、略读法、速读法；按学习内容来分，有解词法、释句法、文章结构分析法、文章主旨归纳法；按阅读笔记来分，有画重点、写标题、编写读书提纲、写读后感及读书心得；等等。教师应利用课堂时间训练学生逐一掌握这些方法，以提高他们的阅读质量。

第五，指导学生掌握正确的记忆方法。阅读的一个最重要的目的就是通过阅读扩大词汇量并牢记一些佳句为交流与写作打基础，从这个意义上讲，记忆策略就显得格外重要。单词记忆、语法记忆、固定搭配记忆以及长难句记忆都离不开记忆策略。教师应教会学生运用各个感觉器官，从读其音、观其形、释其义几个方面有的放矢地培养自己的观察力和记忆力，而不是死记硬背。首先，要掌握规律，一次到位。英语是表音文字，所以教师要教会学生辨认字母与发音之间的关系，将单词的发音与书写联系起来，使他们不断熟悉英语中这种音形对应关系，使学生由音知形，音形自如转换，从而提高认读能力、单词记忆能力以及单词拼写能力。其次，要词不离句，句不离篇。识记单词后，要及时结合语篇加以消化和运用，要关注词在句子中的用法和意义，这样才能举一反三，触类旁通。最后，要及时温习，反复循环。要按照记忆曲线，过一段时间把所记单词或句子温习一次，以增加与单词或句子的见面次数。这样就能做到加深印象，巩固记忆。

第六，指导学生课外阅读。课堂的时间是有限的，要做到大量阅读，就要让课外阅读成为课内阅读的补充。因此，教师应有计划、有目的地指导学生进行课外阅读。教师应明确课外阅读任务，包括课外阅读的量、要达到的水平，并及时检查阅读效果。

第七，指导思维方法。训练学生的思维是阅读能力要达到的一个重要目的。思维虽然看不见摸不着，但绝不是无源之水，无本之木，思维训练的土壤就是语篇。所以，教师应利用语篇分析来培养学生的思维能力。在对学生进行思维能力的训练时，教师应避免纯粹的语篇知识的讲解，而应把语篇分析以问题的形式贯穿于阅读教学中，让语篇分析成为学生阅读的一种手段。

第八，教会学生使用词典。随着高中学习方式的变化，学会使用词典对学生的意义重大。使用英语词典不仅是为了获取某一单词的含义，还有利于进入一种学习环境，以帮助学生在阅读例句的过程中掌握单词的用法。因此，教师可在课上结合词汇学习，教会学生使用词典。

（2）阅读频率习惯。频率最基本的定义就是单位时间内完成（任何重复工作）的次数。以此类推，阅读频率就是单位时间内完成阅读的次数。阅读频率是阅读量的重要保证和重要指标。近年来，英语阅读频率的研究为考量学生英语阅读量及阅读能力提供了重要的标准。高中英语阅读教学中大量的词汇输入、语篇输入、阅读量积累、多种文体的阅读体验与解读都是为阅读量的积累而进行的。

（3）阅读量习惯。阅读量指的是阅读的数量。大量阅读能够提高语言复现率，促进对课文内容的学习和掌握。课外阅读量对学生综合语言能力的提高有一定帮助，对学生的阅读习惯和阅读兴趣的培养有促进作用。

按照新版课程标准中有关语言技能的内容要求指标来分析，新课标规定的课外英语阅读量实际上是不高的。让学生学会阅读（learn to read）和通过阅读去学习（read to learn）是教学的核心关注点。分析近几年我国高考英语阅读理解试题可以看出，高考英语试题选材更加注重题材和体裁的多样化、交际化和生活化，较为综合地反映了政治、经济、文化和生活的各个方面，阅读量逐年增大，而且对阅读速度的要求也有所提高。

2. 阅读体验方面

阅读体验包括阅读态度、阅读兴趣和自我评价三个方面的内容。

（1）阅读态度。阅读态度是阅读的有效动力，主动阅读和被动阅读的结果是不同的。当人们把阅读当成一种生活态度，当人们谈论阅读时，谈论的不再是成功学、不再是升学、不再是升职时，阅读就超越了文字本身。如果学生对要阅读的内容态度不主动，那么无论教师多么努力，都不能达到满意的效果。所以，在阅读教学中端正学生的阅读态度，让他们积极主动地参与到阅读活动中来是提高学生阅读素养的关键所在。每位教师在自己的课堂中都有端正学生阅读态度的义务。如果教师在教学中能够注意以下方面，将能起到事半功倍的效果。

第一，教师在教学中要不断强化阅读在英语学习中的重要性，从而可以端正学生对阅读的态度。教师要让学生明白阅读是英语学习过程中一个重要的语言输入过程，也是中国人学习英语的一种重要输入手段。缺少了阅读这一重要的语言输入过程，语言输出是不可能实现的。

第二，要帮助学生克服惰性。克服惰性是养成良好阅读习惯的重要前提条件。有学生不愿在阅读上下功夫，却总是抱怨英语难学，读不懂；也有学生总想获得英语学习的诀窍，希望一夜之间就能学好英语。殊不知，英语学习是一个积累的过程，是慢功夫，不可能一蹴而就。没有拂去浮躁、没有潜心阅读的毅力，是学不好英语的。

第三，要让学生把阅读当成乐趣。书是人类智慧的结晶，阅读就是和大师对话、和圣贤对话，在对话中开阔视野、丰富精神世界、获得人生启迪。由此看来，阅读应该是一种乐趣，阅读可以愉悦身心、涵养气质、陶冶情操。

第四，要引导学生把阅读与思考结合起来。阅读要多问书中或文章中的现象。如果能想明白，就会大有收获。

（2）阅读兴趣。兴趣是最好的老师。教师应在课堂中或教室里营造出一种洋溢着书香的氛围，让学生耳濡目染，渐渐地对阅读产生兴趣，对书产生好奇心。激发学生阅读兴趣要注意以下五点。

第一，定期布置一定量的阅读任务，并及时检查阅读效果。

第二，教师除了给学生布置阅读任务之外，还应做学生的榜样。言传不如身教，要使学生爱上阅读，教师自己应先阅读起来，为学生树立榜样。久而久之，学生一定会受到影响。

第三，教师要提供交流读书心得的机会。阅读就是一个心理过程，这个过程具有交融性、思维性、情感性和实践性等特点，所以阅读应该和思考结合起来，如果一味地读书而不思考，就像吃了饭而没有消化一样。让学生阅读的目的就是从阅读中汲取营养。因此，每当学生完成阅读任务，教师应给学生搭建一个相互交流、相互学习的平台，让他们在这个平台上畅所欲言、交流思想、相互学习。通过这些交流活动，学生被鼓励和被欣赏，更大地激发了学生的阅读兴趣。

第四，让学生在阅读中体验成功。阅读是一个缓慢的过程，学生在阅读中的进步也是缓慢而不明显的，因此，学生也许会因感觉不到自己的进步而失去阅读的兴趣。所以，教师应该在教学中想办法让学生感受到成功。如组织读书报告会，让学生讲自己最喜欢的一本读物或一篇文章；还可以组织朗诵比赛、演讲比赛、阅读沙龙等，让学生在展示自己成果的同时体验成功，为更长久的阅读打下基础。

第五，教师布置的阅读任务和内容要贴近学生的生活和学习。如果让阅读任务远离学生生活，学生会不感兴趣，也就不会喜欢阅读。一个班上学生的兴趣爱好是多样的，所以，教师在布置阅读任务时要尽量满足不同兴趣爱好的学生的需求。

（3）自我评价。在学习过程中，学生既要成为学习的主体，也要成为评价的主体。学生作为评价过程的主要参与者，应在教师的指导下，学习使用适当的评价方法和可行的评价工具，积极进行自评或互评，以便及时发现自己学习中的具体问题，促进自我监督式的学习，并在自评或互评中不断反思，取长补短，总结经验，调控学习，把教学评价变成主体参与、自我反思、相互激励、共同发展的过程和手段。在具体实施过程中，教师应注重不同评价活动之间的整合性和关联性，突出评价任务和内容的实践性和发展性，重视学生的全员参与和共同进步。需要注意的是，学生的自我评价内容因人而异、因课而异，内容是动态的，形式是多样的。学生可自问自答或互问互答，也可采用问卷调查、撰写反思日记等方法。

二、高中英语阅读教学的特点

第一，高中英语阅读内容的特点。从对高中英语教材的把握而言，高中英语教材中几乎包括了各种文体，具有多样性和现代性，其多样性表现为：①文章涉及多个领域，如语言、经济、文学、科技等；②体裁有说明文、记叙文、议论文；③语域的多样性，所选文章既有书面体文章，也有语体口语化乃至俚语化的文章。因此，高中英语的阅读内容具有篇幅长、生词多、句法多样化等特点。

第二，高中英语阅读方式的特点。高中英语阅读一般分为精读、泛读和略读：①精读，要求学生毫无遗漏地仔细阅读全部语言材料，并获得对整篇文章深刻而全面的理解，在精读课本中，每篇课文后的词汇、语法、句型及注释都应仔细领会。②泛读，也可称为普通阅读，要求学生读懂全文，对全文的主旨大意、主要思想和次要信息及作者的观点有明确的了解。对全文只做一般性的推理、归纳和总结，无须研究细节问题和探讨语法问题，但要求阅读速度高于精读速度的一倍。③略读，是一种浏览性的阅读，学生能达到以最快速度浏览阅读材料。略读无须通读全文，只跳跃式地读主要部分，目的是获取全文的中心思想和主要内容。

三、高中英语阅读教学的策略

提高高中英语阅读课堂教学的质量，教学方法至关重要。根据动态真实原则，运用教学方法和技巧是为了帮助学生获得知识和能力。下文从不同的角度来介绍两种行之有效的阅读方法，以供在英语教学实践中借鉴和运用。

（一）从学习理解层次对学生进行引导

从学习理解层次对学生进行引导，可以从以下五个层次进行探讨（见图4-2）。

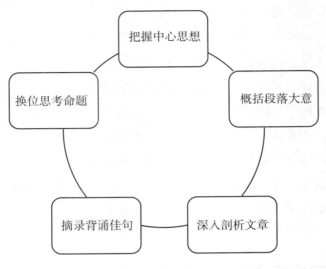

图 4-2　从学习理解层次对学生进行引导

第一，把握中心思想。所谓把握中心思想，就是根据文章的宏观结构或各段首句确定本文的主题。例如，有的文章主要论述一个核心概念，那么这个核心概念就是文章主题。了解文章的宏观结构对于把握中心思想非常重要。

第二，概括段落大意。一般而言，段落大意可以从段首句概括，但有时段落中心不明显，需要寻找一段中反复出现的关键词或有转折的地方。所以阅读时可以用一两个词或词组概括一个段落的大意，并把意思相近的自然段合并总结。对于短期记忆力欠佳的学生，这种方法很有效。

第三，深入剖析文章。以自然段为单位剖析文章，对文中的单词、词组进行记忆，对长难句进行精确分析，找出主干。

第四，摘录背诵佳句。在吃透原文、做完习题以后，可以对原文进行总结。对于有些篇章，至少是文中的好词佳句，可以摘抄背诵，并运用在自己的写作之中。

第五，换位思考命题。思考作者写这篇文章的原因是出于题材考虑，还是出于问题考虑；本文的难度从何体现；从谋篇角度而言，本文有何特点；为何写一篇这类题材的文章。

（二）从学习方式对学生进行引导

阅读是一种"心理语言学的游戏"，阅读是一种发生在每一个认知层次上的推测与验证相互交替的过程，在这个过程中读者遵循的是从上而下的模式，凭已有的经验进行阅读，不必对每一个单词都做出解释。阅读"三读法"能有效地提高学生的阅读效率，即详读重点、略读细节、跳读修饰。

第一，详读重点。重点就原文而言，就是文章的基本结构、内容和主题；就答题而言，就是问题所对应的原文的出题句。以这个标准来衡量，需要重点阅读的原文词句就不会很多，因为每篇阅读课文的后面都有 5～10 个问题，而高考阅读理解每篇只有 5 道题，与它们相对应的原文也就 5～10 个句子。为了回答文章后面的问题，需要重点阅读原文的下列内容：宏观方面：文章结构；文章主题句；各段首末句；作者态度。微观方面：有转折处；重要标点；句子主干。

第二，略读细节。相对论点而言，论据是细节性的，如果明白论点，论据可以读得较快；相对段落主题而言，解释段落主题的支持句是细节性的。可以略读的细节包括例子和解释。

第三，跳读修饰。细节性的修饰语只对论点起次要的补充说明作用，第一遍阅读时可以跳过。此外，这些细节性的内容通常也不出题，即使涉及问题，到时候再看也来得及。可以跳读的细节包括：①两个逗号之间的问题；②两个破折号之间的问题；③人物的头衔；④并列叙述。

四、高中英语阅读教学的方法

（一）精心准备教材

教师如果不理解、不熟悉教材，是难以驾驭教材的。同样，在具体的阅读课文教学中，每篇文章的题材不同，体裁各异，阅读目的也就有所不同，需要根据具体情况采用不同教法。上课之前往往在黑板上设计一个表格，或画一幅图，在教学过程中要求学生把一些主要的信息填入其中，并以此为线索，组织学生复述或复习课文。虽然他们课上得很轻松，课前却做了大量的准备。因此，在上课之前，对本课的教学内容、方法、要求做到心中有数，这是教好阅读课的基础。

（二）转变观念，鼓励引导

提高课堂教学的有效性，教师必须转变教学观念、创新教学模式。新课标要求下的课堂教学实践要体现学生的主体性，即让学生自主实践、自我发展、提出问题，在教师引领下解决问题，教师成为课堂学习的参与者、指导者。因此，在课堂教学中，教师必须紧紧抓住"善导""激趣""引思""精讲"这四项教学要素，充分发挥教师在课堂中的主导地位，教师要把以"教"为重心逐渐转移到以学生的"学"为重心。教师要注重教学过程中教师主导作用与学生主体作用的协调与统一，尊重学生的主体地位，激发学生的主体意识，把研究指导学生的学习方法放在十分重要的位置，着力培养学生主动学习、自主学习的能力，让学生自主探索，自己去发展，逐步引导学生掌握自主学习的方法，培养自主学习的习惯，真正达到让学生"自求得之"的目的，以此提高学习效率。阅读教学可分成三个阶段，即阅读前阶段（pre-reading）、阅读中阶段（while-reading）和阅读后阶段（post-reading），每一个阶段都要有所侧重。

1. 阅读前的知识和心理准备

在阅读前阶段，我们可以让学生做些准备活动，构建语境互动模式，刺激学生头脑中固有的、与该阅读材料题目相关的知识，提前弄清某些词的含义，补充学生缺乏而又必需的一些相关的背景知识。同时，我们可以尝试将阅读前的准备放到有一定交际性质的课堂活动中进行。针对文章的难度，或介绍有关的背景知识，或组织学生进行集体或分组讨论，或就文章内容提出一些预测性的问题，或布置读后需要解决的问题等。以上活动的开展都不是单一和不变的，而是要根据情况灵活掌握，综合应用，并牢牢把握一个原则，即以学生为中心，尽可能充分发挥学生的主观能动性。

2. 阅读过程中的指导

阅读教学的交际化需要从阅读目的、理解深度和理解方式诸多方面给学生以指导。对学生阅读过程的指导应尽可能根据各种不同的体裁设计不同的阅读要求，培养学生各种阅读技能。例如，在阅读记叙文时要抓情节；在阅读说明文时，应要求学生抓住事物的特点，即抓住说明对象的本质特征；在阅读议论文时，我们要抓住论题、论点、例证及结论。

在阅读记叙文时了解了"when（什么时候）、where（在哪里）、who（什么人）、why（因为什么）、what（发生了什么）、how（结果如何）"这六要素，接着按照线索弄清事情的来龙去脉，就能理解整个故事，读懂这篇文章了。如果学生阅读篇幅较长的文章，可以指导他们运用阅读"三读法"，对所读材料的内容有大概的了解；也可用研读的方法，即阅读全文，了解文章中的表层意义与深层意义，指导学生在阅读中进行预测、想象、推论、判断、对比、归纳、总结等。在同一篇文章中，也可以根据理解层次的需要而采用不同的阅读方式。在阅读中，教师应鼓励学生积极运用语言、社会文化等方面的知识，帮助其理解阅读材料。

3. 阅读完成后的活动

通过前两个过程之后，学生对背景知识和阅读材料提供的信息都有了完整框架。教师应用交际化的手段巩固和提高学生掌握信息的准确性和完整性，并在此基础上鼓励学生运用所获得的信息与同学进行交流。

（1）教师应设计出一定数量的问题让学生读后解答，用以核实学生所获信息的准确性，发现阅读过程中的理解偏差。这些问题应包括对文章大意、关键句子的理解（字面意思和隐含意思）、词义的猜测等。

（2）练习形式可以是口头的，也可以是书面的。练习方法可以采用小组讨论，也可以单独提问，两者相互补充，都应尽可能覆盖阅读材料中的语言信息（词汇、句法、修辞等）和社会、文化背景。教师的作用还应体现在对阅读材料内容的筛选上。教师应针对不同的文章，向学生提出重点掌握的语言点和修辞等方面的知识。

（三）加快教学节奏，增加信息容量

在信息时代，知识的密度和深度在不断地增加，整个社会的生活节奏也在不断加快。教师必须在有限的课堂时间内让学生掌握更多的信息。第一，学生的阅读主要在课内进行，但要使学生获得教学大纲所规定的较强的阅读能力，必须在课堂上安排多种形式的阅读技能训练。在有限的时间内，适当加快教学节奏，才能提高阅读教学的效果。第二，从心理学的观点分析，节奏感强的教学活动往往能吸引学生的注意力，而松垮的课堂教学则难以激发学生的兴趣。实践证明，节奏快、结构合理、形式活泼、训练充分的阅读课堂教学会使学生在紧张的气氛中感到英语学习的生气和活力。第三，加快教学节奏，才能为学生赢得大量的实践机会，课堂教学的内容也就大大充实，课堂教学的密度也就自然会增大，这样既有利于训练学生的思维能力，又有利于教师把知识引向一定的深度。总而言之，在阅读课教学中既要把握阅读方法又要把握学生的心理，要培养学生用英语思维，让学生学会抓住作者的意图，从而领会文章的精神实质。如果教师在阅读课上不断地渗透这些思想，坚持不懈地培养，那么一定能大幅度提高学生的阅读能力。

（四）提高对词汇量与阅读量的重视程度

教师应督促学生加大词汇量和阅读量，鼓励他们多读、多写、多记，同时传授他们一些词汇记忆方法，如文章中记忆法、联想记忆法、造句记忆法、构词记忆法等。教师可以系统地讲授一些词汇学习理解方法，如利用词缀猜测生词的含义；利用上下文来推测词义；利用近义词、反义词、同类词来比较词义；通过加大阅读量来巩固词汇等。同时注意一词多义，引导学生掌握词汇的派生、合成和转化等构词法知识，建立起便于记忆和应用的新图式，扩大词汇量。

（五）传授快速阅读的技巧

第一，跨越生词障碍。跨越生词障碍可以通过猜测词义来解决，猜测词义的方法有很多，如根据语境、定义标记词、重复标记词、列举标记词以及同位语、同义词、反义词或常识等。但这些方法都离不开两个方面：一方面，是学生的文化修养，即语言、文化素质；另一方面，是通过全局识破个别的能力，这就要求学生要不断扩大自己的知识面，懂得社会、天文、地理、财经、文体等科普性知识。

第二，浏览所提问题，带着问题读文章。一般而言，作者根据自己的意图和思维模式，通过一定的语言手段，把分散的、细节的、具体的材料组织在一起，在训练或测试中，命题者往往采用多种方式进行提问，有直接的和间接的，但无论如何，命题范围和思想基本与作者一致。学生应先了解问题的要求，带着问题和所需的信息去查询，以提高阅读速度。

第二节　高中英语阅读教学的过程

阅读活动可以分为读前、读中和读后三个环节（见图4-3）。读前活动的主要目的是为下一步的阅读做准备；读中活动是阅读的主体部分，是学生获取信息和语言积累的过程；读后活动是围绕阅读而进行的输出性活动。如果说读前和读中环节是学生从外部获取信息和语言的过程，是语言输入过程，那么读后环节则是将存储于大脑中的信息和语言转化为外部语言的过程，是语言输出过程。从获取到转化看似简单，却是认知层面的飞跃。

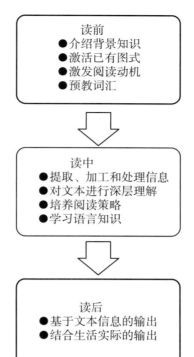

图 4-3 阅读教学的三个环节

一、高中英语阅读教学过程——读前活动

读前活动，即阅读前的准备活动，主要是调动学生已有知识和经验，为输入新知识和培养新技能做准备。活动主要分为话题方面的，如激活大脑已有图式、介绍背景知识等；情感态度方面的，如激发阅读动机等；语言方面的，如预教词汇等。读前活动旨在帮助学生在阅读时获得最大的阅读量。在读前活动中，教师应从以下方面帮助学生做好阅读前的准备。

（一）介绍背景知识

语言的社会性决定了文化习俗在人际交往中的重要性。语言意义的理解在很大程度上依赖于对文化传统和风俗习惯的理解。文化背景知识是理解特定语篇所必须具备的外部世界知识，文化背景知识对语篇理解的影响大于语言知识，缺乏背景知识会造成阅读理解障碍。阅读理解不是一种简单的语言信息解码过程，而是解码过程与意义再构建的结合。阅读的最终目的在于确定话语表达的主题。只有把使用语言知识体系和非语言知识系统的过程有机地结合起来，阅读者才能最有效地获取知识。因此，教师应在阅读前激活学生相关话题的背景知识，建立已有知识和新知识之间的联系。

（二）激活已有图式

"图式"是不断积累起来的知识和经验的结构。在认识客观世界、解释客观世界时人们都在自觉或不自觉地使用着"图式"。就阅读理解而言，储存在大脑中的原有知识图式可以帮助读者预测特定上下文的内容。对于语言材料的理解就是利用语言信息和背景知识来重新构建语言材料的含义，那么有意识地训练学生对于"图式"的重视就显得尤为重要。所以，教师在阅读前要创设情境激活学生大脑中的相关知识图示，培养学生的预测联想能力。

（三）激发阅读动机

阅读动机是推动人们进行阅读的内部动因。阅读动机大致分为两种：内在阅读动机和外在阅读动机。内在阅读动机指的是为满足自己的求知欲和掌握知识而阅读。外在阅读动机是指由于其他原因而阅读，如为了得到高分或他人的称赞。两种动机性质不同，阅读效果也不同。教师的职责就是在阅读前激发学生的内在阅读动机、调动学生的阅读兴趣，使他们带着极大的热情去阅读，并对阅读产生强大的内在驱动力，朝着阅读、阅读、再阅读的方向前进。

（四）预教词汇

在阅读中，学生可能会遇到生词。教师需要把影响学生理解而又不能通过上下文语境猜出词义的词汇在读前预教，以便学生在阅读时能将注意力放在语篇意义的获取上，而不是被个别词汇所难而止步不前。而对那些可以在阅读过程中通过上下文语境猜测出其意思的词汇，教师应加以保留，放在后面的读中活动中处理，以培养学生猜测词义的策略。

二、高中英语阅读教学过程——读中活动

读中活动，是阅读课中最核心的环节，也是阅读课最重要的语言输入过程。在这一过程中，教师不仅要让学生学会语言知识，还要着重提高学生领悟文章的文化内涵的能力、用英语获取信息和处理信息的能力以及分析问题和解决问题的能力，同时还要采取适当的阅读教学策略使学生掌握必要的阅读方法。读中活动主要包括提取、加工和处理信息的活动，对文本进行深层理解的活动，培养阅读策略的活动以及学习语言知识的活动。

（一）提取、加工和处理信息

提取信息的能力是理解性技能的重要内容之一。学生在阅读中若要获得大量的信息，

就需要在诸多信息中分辨主要信息和次要信息，分清论点和论据，从而快速提取出主题句和支持句等有用信息。除此之外，还要对这些信息进行加工、处理。阅读便是培养学生运用英语提取、加工和处理信息能力的重要途径。

信息提取，从字面意思来理解，即从阅读文章中获取信息。但由于信息的类型不同，如主要信息、特定信息和细节信息，所以人们提取信息的层次和方法也就不尽相同。例如，我们可以通过略读（skimming）的方式，快速阅读文章的首段、末段以及每一段的首句，获取文章的中心思想。掌握文章的中心思想后，我们可以通过扫读（scanning）的方式，找到特定信息，如数字、时间表、电话号码或新闻标题等。但若想提取细节信息，用上述两种方式是不行的，细节信息的提取必须通过细读文章才能完成。细节信息的处理在阅读中是最花时间的，融合了信息的提取与整理、语言的渗透与学习、策略的培养与应用等多重阅读任务。

信息加工与信息处理是将复杂的书面信息转化为简单的、容易记忆的信息，这个过程是信息转换的过程，学生需要采用某种转换方式以实现信息的转换。信息转换的方式多种多样，较为常见的转换方式有图片、绘画、表格、地图、饼状图、柱状图、时间轴以及思维导图，其中思维导图是较为有效的信息转换方法，可应用于记忆、学习、思考等方面。

思维导图作为表达发散性思维的有效图形思维工具，是一种可以将思维形象化的方法。它运用图文并重的技巧，把各级主题的关系用相互隶属与相关的层级图表现出来，使主题关键词与图像、颜色等建立记忆连接，帮助学生厘清思路，认识事物的特征和关系。思维导图充分利用左右脑的功能，利用记忆、阅读、思维的规律，协助人们在科学与艺术、逻辑与想象之间平衡发展，从而开启人类大脑的无限潜能。常见的思维导图有以下八种（见图4-4）。

教师可以将思维导图用于阅读教学中以帮助学生对语篇中的信息进行加工与处理。思维导图并不适合直接应用于学科教学，因为思维导图过于强调图像记忆和自由发散性联想而非理解性记忆和结构化思考，属于一种浅层的学习。基于学科知识的特性，学科教学必须强调理解性记忆和结构化思考；同时，随着学段的升高，知识越来越抽象和复杂，就更要强调理解的深度而非记住的速度。正是基于这样的思考，把概念树、知识树、问题树等图示方法的优势嫁接过来，同时将结构化思考、逻辑思考、辩证思考、追问意识等思维方式融合进来，把思维导图转化为学科思维导图。所以，教师在应用思维导图时应综合考虑这些因素。

（二）对文本进行深层理解

新课程高中英语阅读教学的重点之一就是通过英语阅读提高学生的思维品质，提高学

图 4-4 常见的思维导图

生在逻辑性、批判性、创造性等方面所表现的能力和水平。新课程理念下的高中英语阅读教学应帮助学生实现两个过渡：表层理解向深层理解的过渡；语法分析向语篇分析的过渡。只有实现这两个过渡，学生的高阶思维品质，如分析、综合、评价等能力才能得到提高，学生才能成为具有高阶思维能力、较高阅读能力的人。

高阶思维是发生在较高认知水平层次上的心智活动或较高层次的认知能力，它在教学目标分类中表现为较高的认知水平层次的能力，如分析、综合、评价等。促进学生高阶思维能力的发展是知识时代的发展对人才素质的要求，也是面向知识时代教学设计研究最为重要的课题之一。思维能力，就像人的行走能力一样是每个正常人与生俱来的。但是，良好的思维能力是一种技术，是技巧加上训练的结果。但问题是英语教师是否对高阶思维的特点有深刻的认识，是否有发展学生高阶思维能力的意识，并据此与英语课程内容和教学方式整合起来，构建相应的支持条件。研究发现，探究或发现学习方法，如合作小组学习，讨论、案例学习，问题求解学习活动等有利于发展学生的高阶思维能力。其中，发现学习能比较有效地促进学生高阶思维能力的发展。有学者提出，要发展学生高阶思维能力，教师应当设计让学生投入分析、比较、对比、归纳、问题求解、调研和创造等系列学习活动中去，而不仅仅限于要求学生回忆事实性信息的活动。例如，在英语课堂上，教师可引导学生对语料进行以下处理：第一，信息评价。判断观点及信息的可靠性，识别推理中的谬误和错误，验证观点和假设。第二，信息分析。将事物分类，识别观点背后的假设，识别中心思想，找出信息中的顺序。第三，观点贯通。比较、对照相似点和不同点，分析或展开某一观点、结论或推理，从普遍概括性或原理推演到具体事例，从数据推断出理论或原理，识别因果关系或预测可能的结果。

上述活动不仅使学生的综合技能，如类推思维能力、总结大意和结构的能力、事件与预期结果的关系假设能力、计划某一过程的能力得到发展，而且也使学生对过程、结果和可能性的想象能力，包括流利表达或产生尽可能多的观点，预测由某些条件引起的事件或行为，对可能性进行思辨和怀疑，视觉化地产生心理图像或心理预演行为，观点的灵感顿悟或预感等能力得到发展。与此同时，学生加工信息，对信息赋予个人意义，通过增加细节和事例扩展相关信息，修改或更改想法，将观点用于不同的情景以发展观点，通过举例使普遍的观点具体化等能力也得到了培养。

阅读是培养学生思维能力的重要途径。在阅读中，教师要在培养学生理解表层意义能力的基础上，着重培养学生的深层理解能力和评价性理解能力。在记忆、理解、应用语篇知识的基础上，通过分析、比较、归纳等让学生学会理解语篇所蕴含的深层含义。在设计教学时，教师应在课堂提出的问题上下功夫，把问题作为培养学生高阶思维品质的抓手，潜移默化地影响学生思维能力的发展。教师应根据布卢姆的教学目标分类学，有层次地设计六类问题，即识别记忆型问题、理解型问题、应用型问题、分析型问题、评价型问题和创新型问题。

第一，识别记忆型问题是关于是什么（what）、什么时候（when）以及怎么样（how）的问题。这类问题要求学生根据事实，通过回忆和再现进行回答，目的是再现所学知识，防止遗漏，属于低层次的问题。例如，故事发生的结果如何。

第二，理解型问题是学生必须经过深入的思考并用自己的语言清楚表述的问题。例如在学习了新概念、新知识之后，为了帮助学生更好地理解所学知识，教师可以提出一些不太复杂的问题，促使学生对所学概念或知识有比较清晰的理解，这类问题的回答要求学生对所学知识进行一定程度的加工、转换或解释。

第三，应用型问题是要求学生把所学知识用到新情境或新领域的问题。回答这类问题学生必须进行较为深入的思考。

第四，分析型问题是要求学生运用多种材料进行验证的问题。这类问题的回答需要学生分析、厘清事物之间的相互关系。

第五，评价型问题是要求学生根据一定的准则和标准对事物做出价值判断的问题。这类问题属于开放式问题，往往没有标准答案。例如，你认为袁隆平是一个怎样的人。

第六，创新型问题须整合已有的知识解决问题。这类问题要求学生超越对知识的简单回忆，运用自己的想象力和创造力对原有知识和经验进行重新组合，产生一些独特、新奇的答案。这类问题没有标准答案，较为宽泛。例如，成功的条件有哪些。

上述问题的设置，能多维度、多层次地培养学生从文本中获取信息、与文本交流对话的技能或策略，促进学生的思维发展，让他们能够更好地适应未来学习、工作和生活的需要。在具体操作中，教师应清楚这六类问题的层次，有意识地减少低层次的问题，如记忆

型、理解型问题，适度增加应用型、分析型、评价型和创新型这四类高层次的问题，以培养学生的思辨能力。例如，

在学习 *A pioneer for all people* 这一课时，我们可以设计下面几类问题：

Do you think Yuan Long ping is a great man?（这种是评价型问题）

Why can he make such a great achievement?（这种是分析型问题）

What kind of qualities should we develop if we want to be successful?（这种是应用型问题）

（三）培养阅读策略

阅读策略是阅读者为了理解语篇信息而选择和掌握的有意识行为，它体现了阅读者在阅读过程中的积极作用。学生能否成为一个成功的阅读者，在很大程度上取决于他能否根据不同阅读目的采用不同阅读策略，从而有效完成阅读任务。在阅读课中渗透阅读策略的培养是阅读教学的一个重要组成部分。学生上阅读课是为了获取书面信息，他们阅读效果的好坏，很大程度上取决于阅读策略的选择和使用。因此，教师应通过阅读课上的教学活动，培养学生的阅读策略，使学生最终能把课堂上学到的策略应用到自己的课外阅读活动中去。常用的阅读策略有：略读，扫读，预测下文，理解大意，分清事实和观点，猜测词义，推理判断，找出重点信息，理解文章结构，理解图片信息，理解指代、替代、连接、省略等衔接关系，理解逻辑，理解作者意图等。

（四）学习语言知识

任何语言都有一定的语法表现形式，都是通过一定的语法结构表现出来的。词是组成语言的最基本单位，是建构句子的基础，所以，词法学习和句法学习是语言学习的内容之一。在阅读课上，尽管词法、句法不应作为教学的重点，但是接触新词和新的语法结构是不可避免的。教材选编的语篇和普通阅读文本的不同之处就是在传递信息的同时，还承载着在语境中学习目标语言的任务，即承载着学习词汇和句法结构的任务。因此，教师在引导学生理解语篇内容的同时，要及时对语篇中出现的生词和新的句型进行处理。

第一，在阅读中学习语篇中出现的生词。在介绍阅读前活动时我们曾谈到，教师需要把那些影响学生理解而又不能通过上下文语境猜出词义的词语在读前预先消化掉，以便使学生在阅读时能将注意力放在语篇意义的获取上，而不是被个别词语所难而止步不前。所以，在阅读活动中，对于那些能够通过上下文语境猜出词义的词语，教师应鼓励学生运用上下文线索进行猜测并理解其词义、掌握其用法。这既是一种阅读策略，也是一种重要的词汇学习策略。对于重点词汇，教师还可以提供更多的语境以帮助学生理解和强化所学知识。

第二，在阅读中学习语篇中出现的语法结构或长难句。语言学习除了词汇积累外，还

包括句法知识学习，因为影响语篇理解的因素除了词汇，还包括句法结构。句法结构的理解是正确理解语篇意义的前提条件，只过词法关，不过句法关，也会在文本面前一筹莫展。所以在阅读教学中，应将句法结构的学习融入阅读训练中。教师通过分析语篇中的句法结构和长难句，帮助学生掌握该句法功能，使学生更好地把握语篇的内涵，让学生学会用语言做事。

在进行句法教学时，教师应该帮助学生学会如何敏感阅读，即在阅读教学中，教师应帮助学生既关注语篇中的意义，又关注语篇中的结构。在阅读中进行句法结构的学习，应在理解意义的基础上关注其句法结构。具体分为四个步骤：第一步，reading task，初读语篇，理解语篇意义；第二步，noticing task，识别并填空，教师将刚才学生读过的语篇中有关句法结构的句子设空，让学生根据记忆去填空；第三步，consciousness-raising task，在教师的帮助下，学生分析、比较原文和填空后的句法结构，总结该句法结构是如何构建的以及具有何种表意功能；第四步，checking task，教师提供另一篇含有同样句法结构的语篇，让学生完成另一个任务，如改正文中的错误，以检测他们是否真正掌握了该句法结构的意义和表意功能；第五步，production task，学生进行输出活动，以起到强化、巩固的作用。此外，语法发现法（grammar-discovery approach）也是近几年使用频率较高的一种方法。这种方法要求教师给学生提供一篇阅读材料，该阅读材料突出一种句法现象，如被动语态。教师先要求学生理解语篇的意义，再让学生分析语篇中带被动语态的句子，进而对被动语态的结构和功能进行归纳总结。

任务型语言教学有三个步骤（见图4-5），其中第三个活动语言聚焦指的就是让学生运用语言输入中的语料进行句法结构的学习。

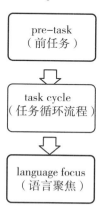

图4-5　任务型语言教学的步骤

语言学习的顺序应该是从预习（preview）到学习（study）再到运用（use）（见图4-6），其中，学习（study）环节和语言聚焦（language focus）一样，都是让学生在接受了一定的语言输入的基础上再对语料中所使用的语言现象进行分析，以总结其语言现象的结构和功能。

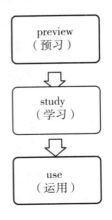

图 4-6   语言学习的顺序

与传统语法分析法不同的是，上述语法教学法提高了学生分析问题的能力，如果教师能长期按照这几种方法进行语法教学，学生分析问题和解决问题的能力就能得到发展。上述语法教学方法还有一个好处，那就是让学生学到了真实语境下鲜活语言，因为语言不是静止不变的，而是始终处于变化过程中的。同一结构用于不同场合可能会产生截然不同的意义。这几种方法让学生明白了语言的意义会因时因地而变化，所以学习语言知识时应注意语境的变化。

三、高中英语阅读教学过程——读后活动

读后活动是阅读课的输出性活动，是对语言知识与技能进行巩固和综合运用的过程。在这一过程中，教师既要设计出基于文本信息的输出活动，也要设计出高于文本信息、结合学生生活实际的输出活动，以达到学以致用的目的。常见的读后活动有复述课文、角色扮演、填空练习、讨论、写作等。在设计读后活动时，教师应关注以下几方面（见图 4-7）。

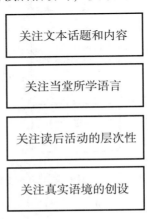

图 4-7   高中英语教学的读后过程

第一，关注文本话题和内容。阅读语句是阅读课的教学之本，而读后的活动则是在完成阅读任务的基础上，设置与语篇话题相关的、帮助学生就获取的信息进行表达的活动。因此，无论是在话题上还是在表达的内容上，读后活动都不能脱离阅读文本。就输出的话题和内容而言，读后活动既要围绕阅读文本的话题和内容展开，也要联系学生生活实际，解决学生实际生活中的问题。例如，在学完《安妮日记》后，教师可让学生两人一组，一位扮演安妮，另一位扮演节目主持人，对和友谊有关的内容进行问答。这种活动既不脱离阅读主题，又能让学生在较为真实的语境中表达个人思想。

第二，关注当堂所学语言。读后活动不仅是信息转述，还要为语言表述搭建平台。经过读前、读中若干活动，学生已经几次接触和使用了目标语言知识。因此，在设计读后活动时，教师应考虑引导学生运用所学语言和所获取的信息，结合新的情境进行表达，巩固所学语言，发展思维能力，以体现教学的有效性。就语言而言，读后活动要创设新情境，使学生能够运用文本所学语言知识。

第三，关注读后活动的层次性。就活动的层次而言，读后的活动应在基于文本信息的基础上，适当拓展学生思维的深度和广度。由此，我们可以把读后活动分为两个层次：基于阅读文本基本信息进行表达的读后活动和利用阅读文本中所获取的信息与学到的语言综合性地表达自己看法的活动。第一个层次是最基本的读后活动，思维挑战性较低；第二个层次是较高层次读后活动，应体现学生思维在逻辑性、批判性、创新性等方面所表现的能力和水平。教师在设计读后活动时应充分考虑学生的认知水平和能力水平。对思维能力较低的学生，教师应设计一些基于阅读文本基本信息的读后活动，让他们进行简单的语言转述；而对于思维能力较高的学生，教师则应为他们设计较高层次的读后活动，使他们借助于阅读文本信息综合性地表达自己的观点和看法。如果时间允许，教师应尽量兼顾两个层次的活动。

第四，关注真实语境的创设。学习语言的目的是如何使用语言，所以教师要帮助学生发展将阅读中所学到的信息和语言应用到真实情境中的能力。为此，教师在读后阶段应围绕阅读语篇的话题创设相对真实的、贴近学生生活的读后活动，激发他们表达的兴趣，目的是让他们明白，学习语言不是为了考试，而是要用语言做事、用语言进行沟通、用语言表达个人情感。

第三节 高中英语写作教学的原则

英语写作教学是非常重要的教学手段，它重视学生英语能力的培养、综合素质的提高，而不是一种机械地模仿能力的培养。写作的综合性很强，它把词汇、语法、句型等知识进行融合，从而促进学生英语水平的提高。经常进行写作，其书面表达能力、口语表达能力也会随之提高。在教学过程中，教师要以学生为中心，以培养持续性写作能力为目标。在写作教学中，我们总结了以下七条原则（见图4-8）。

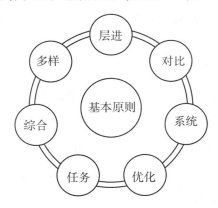

图4-8 写作教学中的基本原则

一、写作教学的层进原则

学生要想奠定良好的写作基础，首先要从单词、句子的写作抓起，逐步向语篇过渡。词是英语写作中的最小单位，词按照一定的规则排列，就形成了句子，人们借助句子相互传递信息、交流思想。当句子按照逻辑相关性的系统排列时，就形成了语篇。高中英语写作分阶段教学，大致分为以下10个阶段：①写简单句；②写复合句；③段落的组成及要点；④段落的发展方法；⑤文章的文体类别；⑥文章的结构；⑦写作步骤；⑧写作的书面技术细节与修辞手段；⑨范文分析和题型仿写；⑩独立撰写实践。

当然，不同教师的具体教学实施的阶段划分可以不尽相同，但是由词到句再到篇，这种由低到高、由易到难的教授方法却是写作教学的一般规律。

二、写作教学的对比原则

在每一个具体的问题——词形、词义、语法范畴、句子结构上，都尽可能用汉语的情况来跟英语比较，让学生通过这种比较得到更深刻的领会。可见，了解母语和英语的区别，对我们的写作有很大的帮助。对中国学生而言，英语写作中，如果不具备完善的用英语进行解码和编码的能力，却具备了相当程度的中文写作能力，这种能力会自动、机械地迁移到英语写作过程中，从而产生中式英语。

例如，部分学生将"亚洲四小龙"写成"four Asian dragons"。事实上，英语中的"dragon"一词，虽然其词典意义是中文的"龙"，但其文化内涵与中文中的"龙"有很大差异。英语中的"dragon"常有"不祥""怪物""魔鬼"等文化意义，而中文中的"龙"则有"庄严""神圣""威力无比""吉祥"之义，其文化意义几乎与英语中的"tiger"相当。因此，"亚洲四小龙"宜说成"four Asian tigers"。这类问题，教师如果不从英汉语言与文化的各个侧面进行对比教学，学生是很难掌握个中道理的。

三、写作教学的系统原则

目前高中英语写作教学中存在的最大问题之一就是整个教学过程缺乏系统性，主要表现在以下四个方面：第一，无系统的教材。目前还没有一套专门而又系统的写作教材，大都安排在每课的最后，教师鉴于时间的关系，往往以布置作业的形式完成写作教学，这根本就不能达到提高写作教学的目标。第二，无科学的教学计划。针对大纲规定的教学目标，教师没有制订科学的教学计划，使得教学目标的实现没有可靠的保证。第三，无具体的时间保障。由于课时有限，写作不单独设课，而只是附带在阅读课或是口语课中，于是写作教学就变成了一个随意的过程。常常是教师发现剩下点儿时间，于是任意指定个题目，让学生写篇作文。第四，无系统的练习。要想写好文章，必须在占有大量材料的基础上，进行大量系统的练习，并且掌握写作的基本方法和技巧，这样写起来才能得心应手。这些问题都亟待解决，否则肯定会影响英语写作教学的效果，学生的写作能力也很难得到提高。

四、写作教学的优化原则

重内容的教学模式对学生的语言能力要求比较高，因而不适合在低年级中使用；重过程的教学模式强调写作本身的过程性，因而不失为一种比较科学的教学模式；重结果的教学模式是一个不可取的教学模式，因为它缺乏对写作过程的监控，不利于写作能力的培养；而小组合作的教学模式是新课程背景下的教学模式，不仅体现了以学生为中心，还激发了学生的写作热情。这些都给教师一些提示和参考，教师在具体教学中要根据学生的实际水平，有选择地运用教学模式。

五、写作教学的任务原则

传统写作教学的缺陷是语言脱离语境、脱离功能，导致学生能建构准确的语言形式，但不能以这些形式得体而完整地表达意思。任务化教学是让学生完成一系列的任务，从而达到教学目标，让学生在执行任务的过程中充分感受语言形式和功能的关系以及语言与语境的关系。把写作与学生的实际任务需求联系起来，如让学生写求职信、个人简历等，这些与其未来生活、工作都有关的内容，可以让学生体会英语的实用性，激发学生参与的热情，并开发学生的潜能，进而发挥学生的创造力。

六、写作教学的综合原则

在英语教学中，有"听说领先，读写跟上"的说法，一堂生动有效的写作课实际上应是听、说、读、写的综合运用，因为听、说、读、写是相辅相成、互相促进的。在写作课上，教师要选择优秀作文进行评价，学生在听的过程中既练习了自己的听力，又找到了自己写作中存在的问题。在英语写作中，写作的每个阶段，都离不开听、说、读，可以说，听、说、读不仅是写作教学的跳板，还贯穿了整个写作活动的始终。把听、说、读、写紧密结合，不仅可以对学生进行多元化的能力训练，还能使学生的各项能力互相影响、互相渗透、互相促进。

七、写作教学的多样原则

多样原则是指坚持训练形式的多样化。一般在写作教学中，应让学生进行缩写仿写、扩写改写、情景作文等练习，让学生逐步掌握写作的技巧。对于缩写，可以按照关键词思考—讨论—动笔这样的思路进行，将课文中关键词串联起来，写出本课的主题或中心思想。关于仿写，可以让学生先观察，再临摹，然后自主写作，进而到熟练。扩写有助于培养学生的想象力，但要求学生想象合理，做到符合原意，符合实际。教材中的很多对话都可以成为改写的素材，这不仅有助于学生研读原文，更有助于学生把握文章的中心思想。情景作文能培养学生的综合能力，它要求学生把平时所学的知识点滴积累，提炼并转化为带有感情色彩的优美的文字语言。每种练习形式各有优点，只有多做这方面的练习，学生的写作水平才能得到提高。

第四节　高中英语写作教学的实践

听、说、读、写是学生在英语学习中必须掌握的四项基本技能，其中写作是检验学生英语掌握水平的重要指标，也是学生综合英语能力的体现。现阶段，写作越来越成为英语教学的重点内容。但从当前的教学实际来看，很多高中英语教师只重视教学结果而忽视了教学过程，在这种教学模式下，学生只有输入，没有输出，影响了英语能力和英语素养的发展。"高中英语教师可以尝试运用过程教学法开展写作教学，突出学生的主体地位，将写作教学转变为学生思维创作和思想交流的过程，将教师的指导贯穿于写作教学的整个过程中，提高写作教学效果。"还要更新教学观念，注重转变自身角色，由传统课堂的主导者变为学生写作的引导者，从对写作结果的关注转变为对学生写作过程的关注。

一、高中英语写作教学实践的价值

（一）培养良好写作习惯

在以往的写作教学中，大部分英语教师都是直接给出题目，然后再简单带领学生分析完题目后就让学生开始写作，存在对学生写作思路引导不足的情况，忽视了对学生写作过程的指导。甚至还有的教师给出题目后直接让学生写作，导致学生写出的文章逻辑混乱，缺乏系统性和条理性，思想内涵也不够深刻，使写作成为学生英语学习的负担。应用过程教学法后，英语教师的指导会贯穿整个写作活动，用一系列生动、有趣的教学活动，更好地调动学生写作的积极性与主动性，从而实现对学生写作思维的有效激活，使学生形成英语写作的良好思路，帮助学生培养良好的写作习惯，促使学生的英语写作能力得到进一步提升。

（二）提高学生合作意识

传统的写作教学以教师为中心，从选取写作题目、谋篇布局到写作批改都是按照教师的主观意识进行，学生在英语写作中是被动的，即使有自己的想法和意见也得不到关注，不能展现自己的个性和风采，阻碍了学生创新思维的发展。而在英语写作教学中有效地应用过程教学法，能使学生的主体地位得到更好的突出，教师不再是写作教学的控制者，而是学生写作过程中的示范者、激励者和支持者，师生、生生之间的交流合作更加频繁，营造出一种自由、民主的课堂氛围，有效提高了学生的合作意识。过程教学法的重点放在学生的写作过程上，增进了师生间的关系，学生写作的主动性和思维的创造性得到了有效的开发，使写作成为一种交际活动，促进学生的健康成长。

（三）促进学生自我反思

在写作评价中，教师只注重对学生写作结果的评价，缺少对写作过程的评价，这样的评价缺乏全面性和客观性，学生从教师的评价中看不到自己写作过程中的不足。过程教学法的应用改变了这一局面，其注重评价学生的写作过程，明确学生的优点和不足，帮助学生在充分理解吸收的基础上改进自己的写作成果，提升写作功底。评价主体更加多元化，除了教师评价外，鼓励学生进行自我评价、小组互评、学生互评等，使写作评价更加全面、完善，促进学生的自我反思，找到自己下一步学习的方向，增强英语写作的深度和广度。

二、高中英语写作教学实践的阶段

（一）写前的阶段

第一，创设情境，激发写作兴趣。写作前的准备是英语写作过程中重要的阶段，也是最容易被教师和学生忽视的环节。灵活多样的写前活动可以启发学生的思维，激发学生的写作兴趣，帮助他们完善写作思路。教师可以围绕写作目标展开教学，利用多媒体为学生展示与主题相关的图片、视频、音频等，丰富学生的感性认识，让学生对写作产生兴趣。教师可以为学生展示生活中的场景和生活画面，创设生活化的教学情境，唤醒学生已有的生活经验，拉近写作与学生之间的距离，让学生在写作中有机地融入自己的生活经历与感悟，解决无话可写的问题。教师还可以设计有趣的游戏活动，吸引学生参与，活跃课堂氛围，让学生在游戏活动中获得真切的实践体验，这样写作时才会有真情实感。在游戏化的情境中，学生一边参与游戏，一边深入理解写作的内涵，能够全方位、多角度地展示才华，获得更多的感性认识。高中英语教师还可以在写作中加入阅读，在写作前让学生阅读一些与写作相关的文字材料，学生可以将自己的感受和有用的信息资料记录下来，调动其内心的积极情感，为接下来的写作酝酿情绪，积累素材，产生表达的欲望。

第二，明确主题，丰富写作内容。在写作中，无论多么华丽的词汇、多么工整的篇章结构都是为呈现作者的中心思想服务的。明确写作主题是英语写作成功的关键，在写作前要对主题进行详细的研究，避免出现跑题现象。教师在英语教学中要加强对学生审题、立意方面的训练，帮助他们养成良好的英语语感和思维，提高英语写作的积极性。学生之所以对作文产生厌烦情绪，主要原因在于审题不清，不能准确把握作文的写作方向，写出的作文毫无营养。因此，在拿到英语写作材料时，教师要指导学生抓住题干本质，挖掘题干的内涵，并在题干的基础上进行适当的联想和拓展，明确写作主题、写作目的、写作的信息点、信息点的逻辑顺序、锁定时态等，建立写作的逻辑，让每一次写作都能成为学生的回忆和享受。在写作主题明确后，教师可以把写作的主题词和主题句写在黑板上，引导学生展开头脑风暴，让学生根据主题词和主题句展开讨论，分享自己在日常生活中积累的写作素材、相关词汇，通过集思广益，实现资源共享，丰富写作内容和写作主题。

（二）写作的阶段

第一，编写提纲。当学生对写作主题和相关内容有了一定的认识和积累后，教师可以指导学生运用列清单的方法，梳理写作思路和写作素材，为进一步写作做好铺垫。将学生分成学习小组，发挥集体的智慧，让各小组围绕写作主题展开讨论，从多个角度分析主题，从多个方向展现主题，将想到的内容记录下来。教师组织学生对清单进行分类整理，删除一些重复和多余的信息，并按照信息的逻辑性将其进行排列编号，使其成为写作提纲，学生的写作思路就一目了然了。高中英语教师还可以用提问的方法，利用"when、who、where、why、what"等提问词，引导学生结合写作主题作答。由于学生审视主题的角度不同，不同的学生会给出不同的答案，通过学生的不同回答，使主题内容变得越来越具体、越来越深入，帮助学生疏通写作思路，提高写作效率。作文提纲是写好作文的基础，既要完整，又不能过于烦琐，要突出作文每一部分的要点。写作过程中发现提纲有不合适的地方，要及时修改和补充，使英语写作充满知识性和启发性，为提高写作水平服务。

第二，撰写初稿。大纲确定后，学生可以按照大纲进行初稿创作。在初稿撰写前，教师可以为学生提供范文，让学生赏析，给学生以启发；可以提供一些具体题材，供学生参考，明确写作规范；可以给出开头，吸引学生的写作热情，从而快速进入写作状态。为使学生写作更加顺畅，高中英语教师可以为学生提供一些常用的过渡词、过渡短语等，更好地把握英语写作风格，摆脱汉语写作的影响，做好支持者和指导者。在学生写作的过程中，英语教师要积极营造一个安静、舒适的环境，减少对学生的干预与打扰，使学生可以静下心来进行自由创作，在全神贯注中打开思维，激发学生的创作灵感，提升写作质量。英语教师要做好检查和指导，及时观察了解学生的写作进度，记录学生的写作过程，为课堂评价收集资料。对于基础薄弱的学生，在必要时可以给予一定的提示和引导，消除他们的畏难情绪，使之能够正确认识英语写作，更好地向优生学习。英语教师要给基础较好的学生设置拔高训练，充分发挥学生的能动性，使其在潜移默化中获得更大的进步，构建开放性的写作课堂，让学生的思维在课堂中尽情释放。

（三）写后的阶段

第一，自我评价。传统的高中英语写作教学中都是以教师讲课和评价为主，而过程教学法的应用突出了学生的主体地位，学生成为写作评价主体之一，体现了多元化的教学方式，也让学生对英语写作有了一个全新的认识，提高了英语写作的兴趣。在写作初稿完成后，英语教师可以指导学生对自己的写作成果进行重新审视，自己查找写作内容中的单词、语法错误，使内容结构和逻辑性得到更好的优化，让学生更加积极主动地参与写作评价。高中英语教师还可以为学生制定一个评价标准，鼓励学生对照评价标准查找自己在英语写作中的问题，促使学生自我改进与完善。教师可以将评价标准用量化的形式呈现出来，让学生为自己的写作打分，用更直观的形式让学生看到自己的长处与不足，提高学生的自我认知。英语教师还要对学生的打分进行收集、整理与分析，了解学生的学习需求，更好地优化写作教学模式和策略，以适应学生的不同学习情况和环境。新课程倡导的评价需要关注学生发展的三个方面，分别是知识与技能、过程与方法、情感态度与价值观，要指导学生用一分为二的方法评价自己。

第二，学生互评。初稿完成后，在学生自我检查、修改完成的基础上，高中英语教师可以组织学生进行互评，按照"组内异质，组间同质"的原则，将班级内的学生按照英语水平、学习能力、性别、性格等进行科学合理的小组划分，要确保各个小组内成员的英语水平各不相同，要有高、中、低之分，使学生可以在小组内做到优势互补，相互学习。每个小组成员都不是固定不变的，英语教师会根据学生的进步情况定期做出调整，使每个学生都有发展的机会，都能与其他学生进行更多的思想碰撞，获得新的想法和语言知识。当学生在小组内进行写作互评时，英语教师要加以指导，引导学生从写作内容、语言、书写等方面全面评价彼此的作文。学生在对他人作文进行评价的时候也会与自己的作文作比较，取长补短，有助于提高学生的写作能力。为了改善学生的评价习惯，激发学生参与评价的热情，高中英语教师可以设计评价活动，在大屏幕上匿名展示一位学生的英语作文，要求小组成员对作文做出评价，不同的学生会给出不同的意见与建议，使写作内容更加丰富。

第三，教师的评阅。

一是全面评价。学生完成初稿后，经过自查修改和互评，再次对自己的写作内容进行修改与完善，写下二稿并上交教师进行评阅。此时，教师采用欣赏式讲评和对比式讲评的方法，从学生的作品中挑选出 3~5 篇优秀作文，组织学生在课堂上朗读，让学生自己去感悟、体会文章的出彩之处。在学生充分阅读的基础上，对写作当中的精彩之处进行详细分析与评价，促使学生向榜样看齐，不断提升自身的写作水平。教师在评价中还要善于发现学生的闪光点，多给学生鼓励和表扬，对于写作内容中的出彩之处，要在全班进行展示表扬，增强学生的写作信心，开发学生的潜力与智力。对于学生在写作中的不足之处，教师可以给出修改意见，或者通过一对一的交流，帮助学生改正错误，写出文质兼美的作文。值得注意的是，教师的修改意见不宜过多，避免让学生产生厌烦、失望的情绪。

二是评语艺术。书写英语作文评语是一门艺术，如果教师只是简单写一个"good"或"very well"，根本提不起学生的兴趣，也不能使其获得信心与力量。所以，教师应该书写差异化的评语，每次的评语都要充满新鲜和创意，这种做法不仅可以活跃课堂气氛，还能满足学生的学习需求。在口头评价学生的作文时，教师要用英语进行评价，创造讲英语的氛围，让学生在耳濡目染中形成正确的学习习惯，拓宽写作思路，感受英语写作的乐趣。新课改呼唤开放式和多元化的评价方式，教师要引入软件评价，让学生在教学系统中书写作文，系统会根据学生的书写速度、书写质量等给出初步的评价，使学生获得知识的同时，感受到科技的力量，增强探索学习的动力。

总而言之，过程教学法在高中英语写作教学中的有效应用，对于增强英语写作教学的有效性和趣味性，以及提高写作教学质量具有重要意义。一线高中英语教师要转变传统的教学理念和教学方法，将过程教学法科学灵活地应用到写作教学中，既要注重学生认知能力和思维能力的发展，也要关注学生基础知识和写作技能的培养，促进学生英语综合能力和英语素养的全面提升。

三、高中英语写作教学实践的方法

（一）指导写作过程

高中英语写作教学的指导写作过程如图4-9所示。

图4-9 高中英语写作教学的指导写作过程

1. 明确审题立意

审题是写好一篇文章的第一个且是最重要的环节。文章是否切题就看学生是否认真审题，是否能明白题材的写作要求。"高中英语写作都会给出提示语，甚至是作文题目，学生必须围绕所给提示语或题目展开论述。"因此，审题并理解题意很有必要。学生在拿到作文题目之后，先要仔细阅读题目，认真审阅写作部分提供的说明与要求，再确定相应的体裁，如议论文、说明文。议论文主要是权衡利弊或就观点进行反驳等；说明文主要是阐述主题或提出解决问题的方案等。教师可以对学生进行提问，了解他们的审题情况。通过审题，让学生明确文章的中心内容，从而达到审题立意。

2. 列出写作提纲

在确定中心思想之后，学生须粗拟一个提纲。提纲是文章写作的计划，也是一篇文章的基本框架。提纲可根据文章的结构列出。文章是由引言段、正文部分和结论段三部分组成。引言段揭示主题；正文部分从不同的角度对主题进行阐述；结论段对全文归纳总结。

3. 确定作文主题句

主题句是表达全文主题的句子，它概括了全文的大意，全文的其他文字都应围绕它展开。因此，主题句一般放在文章的开头，其特点是开门见山地摆出问题，然后加以详细说明。主题句具有较强的概括性，它概括了全文的中心思想，反映了作者的写作意图，是全文的核心所在，作者思维的起点，它对确保文章主题突出，有着举足轻重的作用。教师可以通过学生的主题句得知其对文章主题的把握情况，从而判定其写作前的准备工作是否充分。

4. 撰写扩展句

扩展句是用来解释和支持主题句的句子。确定主题句之后，学生可以根据所列写作提纲，围绕主题进行发挥，收集与主题句密切相关的写作材料，为主题句服务，详细说明并支持主题句的思想。选择的材料最好来自日常生活，因为它们真实且具有说服力，学生也相对熟悉，易于把握。在撰写扩展句的过程中，注意句子之间必须用连词或关系词来连接，段与段之间要用过渡词，以体现文章的逻辑性，它们是连接句与句或段与段之间的纽带，在行文中起承上启下的作用。与此同时，学生要注意整个篇章的层次性，将最重要的先写，然后逐级递减，这样可以使文章自然、流畅，重点突出。

5. 升华结论句

作文的最后一部分由结论句构成，结论句通常与主题句一样包含全文的中心思想，它总结了全文，深化了主题。但所用的措辞与主题句不同，它是换一种说法，变换措辞。学生可简明扼要地总结前面所写的内容，重申主题，使文章结尾与开头相互照应。结尾部分能加深读者对整篇文章的理解，给读者留下更为深刻的印象。

6. 修改与整合

文章写完后，学生应认真通读一遍全文，修改明显的拼写错误，以及一些语法错误，如时态、语态等。为确保句子的正确性，尽量避免语法结构错误，这一过程虽不能针对例题、结构、修辞等方面进行全方面考虑，但对个别词语、语法、拼写错误稍加改动也很有意义。除学生与教师修改外，还可以进行学生之间的互改互评，然后教师再进行批改、讲评。教师讲评的重点应放在文章的结构与内容上。

（二）掌握写作教学的技巧

第一，词汇。根据不同的语境或上下文，学生须选择恰当的词语。在写作的时候，首先必须保证选词的正确性，根据所须表达的具体含义，选择最为恰当的单词。在考虑相同的意思时，同一词语在一篇文章中最好不要重复出现，而应考虑使用其他同义词或近义词替换，可以选择一些具有一定难度的单词进行替代，恰当地使用高难词语有助于提高写作层次。

第二，句型。在写作中，除了词语可以丰富多彩外，还可以使用不同的句型结构。通常而言，学生在写作过程中受自身的知识和时间等方面的影响，在句式变化上未能深入地思考，以致行文呆板、不够灵活。在英语写作中，有很多的特殊句型都可以运用在写作中，可以让学生多使用典型句式，适当运用成语和谚语，恰当使用一些平行、对比结构。

第三，结构衔接。在写作过程中，要使句子或段落之间的衔接紧密，须用一些关联词来连接，这样才能使文章自然、流畅。关联词可以连接段落或句子。段落是文章中最基本的单位，它表明了全文的结构层次。写作时一定要段落清楚，有开头、主体和结论三部分，全文须分段撰写。句子是构成段落的基本单位。如何将段落或句子有机地组合起来，这就需要使用过渡性的词语，并根据逻辑关系的不同选择关联词。

四、高中英语写作教学实践的策略

要提高学生的写作能力，教师既要引导学生积累词汇、语法等语言知识，打好基础，还要增强学生的写作策略意识。英语写作教学应以培养学生的英语写作能力为本，将教学重点置于英语写作能力提高的动态过程之中，它的成功与否很大程度上取决于写作的策略。本部分主要从开篇、段落展开、段落过渡以及结尾四个部分探讨具体的写作策略。

（一）开篇的策略

一篇文章有开头、中间和结尾部分，古人把这三部分比作凤头、猪肚、豹尾，意思就是开头要像凤头那样美丽动人，中间要像猪肚那样丰满结实，结尾要像豹尾那样有后劲。常用的开头方法如图 4-10 所示。

1. 事实陈述

开门见山即开篇就推出文章主题句，提出看法，明确陈述见解，这种方法也叫事实陈述法或现象陈述法。例如：

A recent investigation shows that about 80 percent of the primary school pupils have private tutors and about half of the university undergraduates have the experience of being private tutors.（事实陈述法做引言） Private tutoring has both advantages and disadvantages, yet, in my opin-

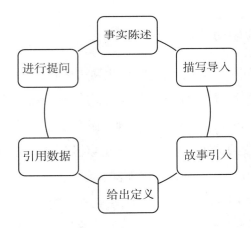

图 4-10　英语写作常用的开头方法

ion，it does more harm than good to students. （中心思想）

2. 描写导入

描写导入是通过描写背景，导入文章。例如：

Nowadays college students are seen waiting on tables，cleaning in stores，advertising in streets，tutoring in families and doing whatever work they can find. （描写做引言）It has become fashionable for college students to do some odd lobs in their spare time. （中心思想——打工的普遍性）

3. 故事引入

用故事作为开头，可以引起读者的兴趣。例如：

Most of us may have such experiences：when you go to some place far away from the city where you live and think you know nobody there，you are surprised to find that you run into one of your old classmates on the street，perhaps both of you would cry out："What a small world！" （通过故事，最终引出自己的观点）

4. 给出定义

以下定义的方法开头是为了给出必要的解释说明，以帮助读者理解。例如，题为"Should Euthanasia Be Advocated？"的作文，开头可为：

Euthanasia，a quiet and easy death，or "mercy killing" （下定义）has become a heated topic among people recently. Many people applaud it and argue that euthanasia should be advocated in our society. （中心思想）

5. 引用数据

数据法是在开头段引用权威性的统计数字，使作者的观点具有较强的权威性和说服力。一般说来，数据法分为两种：一种是先主题后数据，另一种是先数据后主题。例如：

As is reported that cell phones are becoming increasingly popular within China. （先引出主题）In 1999，the number of cell phones in use was only 2 million，but in 2002，the number reached 5 million. And in the year 2005，the number had suddenly soared to 9 million. （引用数据）

6. 进行提问

通过提问的方式统领全篇，可以吸引读者的注意力。例如：

"Is money all powerful?" If someone asks me such a question，（引言句提出问题）my answer is always the same：No. Money is by no means all powerful. （通过回答问题引出中心思想）

（二）段落展开的策略

段落展开的方式有很多（见图4-11），如按过程展开、按空间展开、按时间展开、按定义展开等，写作时可以根据主题选择其中一种或综合使用多种方法。

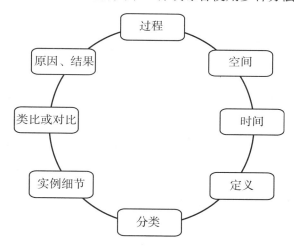

图4-11 英语写作段落展开的方式

1. 按过程展开

按过程展开，就是文章按照事情发展的经过、顺序进行逐项说明。这种展开方法常用于记叙文，叙述如何做一件事情。例如：

The papermaking process is as follows （段落主题句）：First，the logs are placed in the shredder. Then they are cut into small chips and are mixed with water and acid. Next they are heated and crushed to a heavy pulp. It is also chenmically bleached to whiten it. After this，it is passed through roller of atten it. Then，sheets of wet paper are produced. Finally，the water is removed from the sheets，which are pressed，dried and refined until the finished paper is produced.

这篇文章是按过程展开的，它说明的是造纸的过程。

2. 按空间展开

按空间展开的方法常用于描述一个地方或一处景物，文章根据一定的空间方位顺序来写，如从上到下、从左到右、从里到外等。例如：

One of the most interesting places to visit in Singapore is the bird park. it's located in the industrial area of Singapore, called Jurong. The bird park is about twelve kilometers from the center of the city, and it's easy to get by bus or taxi.

It's one of the largest bird parks in the world. The birds are kept in large cages, and there are hundreds of beautiful birds from many different parts of the world, including penguins, parrots, eagles and ostriches. There's a large lake in the park, with a restaurant beside it. There's also a very large cage. You can walk into it to get a closer look at the birds.

这篇文章是按空间方位展开描写的，它描述鸟岛是从外向里进行的。

3. 按时间展开

按时间展开的方法常用于记叙文，通常是记叙一件事情，按照事件发生的时间顺序来写。例如：

By the time he was fourteen, Einstein had already taught himself advanced mathematics. He already knew what he wanted to be when he grew up. He wanted to study physics and do research. The problem was that Einstein's family did not have enough money to pay for his further education. Finally they managed to send him to a technical school. Later they were able to send him to an important technical college in Switzerland, which he entered in 1896 at the age of seventeen. He studied hard and received his degree at the end of his course. He wanted to study for a doctor's degree, but he did not have enough money. The question was how he could find enough work to support himself. First he worked as a teacher. Later he got a job in a govenment office. This work provided him with enough money to live on. Also he had enough time to study. He went on studying and finally received his doctor's degree in 1905.

这篇文章是按时间先后顺序展开的，从爱因斯坦 14 岁写起，一直写到他获得博士学位。

4. 按定义展开

按定义展开的方法常用于说明文，即对某一个含义复杂、意思抽象的词语或概念阐明其定义。在下定义的同时，还可能运用举例子、打比方的方法，让读者对其定义有一个明确完整的了解。例如：

Friends are persons who share the same feelings of natural liking and understanding, the same interests, etc. （先给朋友下定义，以区别于其他人）Usually friends can be divided into two kinds：superficial friends and true friends.（随后将朋友分成两大类：假朋友与真朋友）Superficial friends only want to be your friend if you are to their advantage. But true friends are always there Whether you are rich or poor. They support you，take your side，and build up your confidence whenever necessary. By this time you'd better separate your friends into the "Phony" or the real.（建议）

5. 按分类展开

按分类展开的段落方法常用于说明文，一般是把要说明的事物按其特点分别归类说明。例如：

Many different kinds of signals are used by the coaches.（段落主题句）There are fire flash signs，（第一类暗号）which are just what the name implies the coach may flash a hand across his face or chest to indicate a bunt or hit-and-run. There are holding signals，（第二类暗号）which are held in position for several seconds. These might be the clenched fist，bent elbow，or both hands on knees. Then there are the block signals.（第三类暗号）These divide the coach's body into different sections，or blocks. Touching a part of his body，rubbing his shirt，or touching his cap indicates a sign. Different players can be keyed to various parts of the block，so the coach is actually giving several signals with the same sign.

6. 按实例细节展开

按实例细节展开的方法常用于说明文，将主题句的抽象意思具体化，给读者一个清晰、有趣、深刻和信服的印象。通常是在文章开头提出论点，随后举出实例加以说明，例子可以举一个，也可以举几个。但是，所举的例子要具体、典型、有趣，并且与题目密切相关。例子在排列时要注意逻辑顺序，并把相关的例子放在一起，逐步推向高潮。例如：

When you are traveling abroad，it is important to follow the customs of the country that you are visiting. If you are invited to a home in Britain，here is some advice. As soon as you are invited，it is good manners to refuse or accept the invitation，either by writing or by telephoning. When you go to the party，it is polite to arrive on time. It is good manners to shake hands with your host and any other guests. You can take a present if you like，possibly a bottle of wine box of chocolates or some flowers. However，it is not bad manners to take nothing. It is not polite to stay too late after the other guests have gone. Of course，it is good manners to write or telephone a day or two later to thank your host.

这篇文章是按实例细节展开的，它先阐述观点，然后列举具体实例细节进行说明。

7. 按类比或对比展开

类比是比较同一范畴的事物之间或几个人之间的相似之处，对比是比较其不同之处。

类比和对比常常同时使用，展开论述，以指出二者的相同之处和不同之处。这种方法常用于说明文。例如：

China and India have more populations than any other countries in the world. They are the only two members of the "billion club", because they are the only countries with populations of larger than one billion. At the moment, China's population is about 1 328 000 000. India's population is smaller just over 1 000 000 000. In both India and China, the population is growing more and more slowly. However, India's population is still growing faster than China's. Many experts think that, by 2020, India's population may be larger than China's.

这篇文章同时运用了类比和对比，并采用了交替比较法。它先说明相同点：中国和印度都是人口超过 10 亿的国家，中国人口大约是 1 328 000 000，印度人口刚超过 10 亿。然后点出不同：尽管两国人口发展速度都在减慢，但印度人口增长速度比中国快，许多专家预测印度的人口在 2020 年可能会超过中国的人口。

8. 按原因、结果展开

按原因、结果展开包含三种方法：按原因展开，即文章先描写某一结果，然后再详细分析其原因；按结果展开，即文章先叙述原因，再详细描写其结果；按原因和结果展开，即文章既分析原因又分析结果。这种展开法常用于说明文。例如：

I prefer to live in the city for the following reasons. （段落主题句）First, I can enjoy colorful life in city. （段落层次 1）There are always many performances and exhibitions through which I can learn a lot. Second, I can enjoy good services in the city. （段落层次 2）It is convenient for me to go everywhere, by bike or by bus. Department stores and shops, small or large, can offer me whatever I want. Third, I can have more job chances in the city （段落层次 3）if I am not satisfied with the present job. It is easier for me to transfer to another.

（三）段落过渡的策略

一篇文章，不仅要在内容上具有完整性，还要在结构上具有连贯性，因为结构的紧凑连贯是决定文章好坏的一个重要因素。结构上的紧凑连贯要求文章的各个部分应该围绕主题句有机地结合起来，段落结构应该条理清晰、层次分明、衔接自然。只有结构连贯，读者才能跟上文章的思路，了解文章的大意。要使文章连贯，我们可以采用一些衔接手段：第一，使用平行结构。使用平行结构的句子可以使段落大意得到充分的发挥。第二，保持名词、代词的人称和数量一致，动词时态一致。保持名词、代词及时态等一致可以让文章清晰流畅。第三，使用过渡词语。使用过渡词语能很好地承上启下，把段落有机地连接起来，使段落内部环环相扣，从而推动文章中心意思顺利地向前发展。第四，使用代词。使用代词来代替上文提到过的人或事，可以使句子互相照应，互相衔接。第五，重复关键词语。重复关键词语可以使句子之间紧密衔接，从而使段落一浪高一浪地向前发展。例如：

At present developed countries use too much energy. They get coal out of the ground, change it into electricity, and send it hundreds of kilometers away. They do this so that people can dry their hair using an electric hair drier! The USA has only 6% of the world's population, but uses 30% of its energy. India has 15% of the world's population, but uses only 2% of the world's energy. In the future there will be less and less oil, gas and coal left, so people will have to use these fuels much more carefully. Meanwhile, they will do their best to produce more energy from the wind and the sun.

在上面的段落中，作者使用了以上五种方法使内容连贯流畅。在具体的写作中我们不一定全部用到，可视具体情况而定。

（四）结尾的策略

一篇文章要在内容上具有完整性，需要以下的结尾策略（见图4-12）。

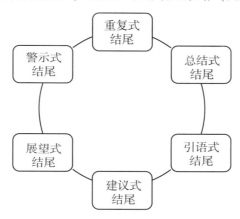

图 4-12　英语写作的结尾策略

1. 重复式结尾

重复式结尾是通过重复引言部分提出的观点，达到深化主题、强调中心思想的效果。例如，针对 *Adertising* 这篇作文，可以这样结尾：

Find a phrase and structure it in a repetitive format that strikes the cadenceof a drummer, building to a crescendo ending of a motivational speech.

2. 总结式结尾

总结式结尾是在结尾处对全文的内容进行概括和总结，以揭示主题。例如，在描述了大学生勤工助学的意义后可以这样结尾：

The significance for college students of doing a part-time job means more than money and experience：It will broaden their outlook and exert a profound influence on their personality and life.

3. 引语式结尾

引语式结尾是通过引用名言、格言、谚语，总结全文。需要注意的是，所引用的文字一定要与前面的观点相符合。例如：

In particular, I enjoy what Francis Bacon said："Studies serve for delight, for ormament and for ability."（读书足以怡情，足以博采，足以长才）

4. 建议式结尾

建议式结尾这种类型的结尾是针对文中讨论的现象或问题，提出建议或解决的方法。例如：

Therefore, a scientific approach must be adapted to the problem of exercise. On the one hand, our physical exercise must be based on both progressiveness and regularity. On the other hand, we must go in for physical exercise according to local as well as health conditions of our own. In summary, exercise can do us good or harm, all depending on how we make use of it.

5. 展望式结尾

展望式结尾这种方法主要表达了对将来的展望和期待，给人以鼓舞，有助于增加文章的感染力。例如：

If everyone has developed good manners, people will form a more harmonious relation. If everyone behaves considerately towards others, people will live in a better world. With the general mood of society improved, there will be a progress of civilization.

6. 警示式结尾

警示式结尾是依据文中的论点，指出问题的严重性，启发思考，引起读者的重视的方法。例如：

If we don't ease our school children's study burden now, just imagine what our children would become in a few years：with their eyes short-sighted and their backs hunched, they are nothing but book worms. Therefore, easing our children's study burden is not a necessity, but a must.

使用何种结尾，由文章内容和体裁而定。记叙文通常采用自然结尾、结尾重申主题或引用格言谚语总结全文。说明文和议论文的结尾通常是归纳要点、重申主题，或者提出建议。

（五）修改的策略

写完初稿，要从头到尾仔细阅读修改，把重复、多余、与主题无关的部分删去，把表达不完整、不清晰的地方改正过来，纠正语法拼写、标点符号等错误。修改文章主要从以下几方面着手。

1. 主题方面

在主题方面，最重要的是看表现的主题是否完整，其次是文章是否符合题目要求、是否合乎逻辑、主题句是否清楚、有无与主题无关的内容、语气是否一致、时态是否恰当等，从这些方面审视作文，修改作文。

例如，按如下要求写一篇文章：

Directions：For this part，you are allowed thirty minutes to write a composition of approximately 250 words on the topic Why People Go to College. Your composition should give the reasons.

学生按照要求写的一篇作文：

Why People Go to College

In the last few years，there has been a dramatic increase in the number of high school graduates who want to go to college. The public believes that the higher educational degree will promise you better jobs and more happiness. Contrary to the popular thought，I held a completely different point of view.

There are a number of reasons for my choice. To begin with，to go to college is not the only way of becoming the pillar of our society. Based on individual conditions，everyone has his or her own unique method. Some learn effectively from self-study and practice，some from social experiences，others prefer to obtain knowledge from books and schools. For another，different posts require people with various educational background and experiences. Take sanitation workers for example，they are expected to exercise diligence rather than bearing high academic degrees. Finally，I doubt if all the people with high educational background can bring their best out. If they cannot，is it a waste not only for the talents themselves，but also for our society？ As a good example of this，I often quote the disheartening life experience of one of my relatives. After her four-year college life，she went to take the position as a typewriter. It's this a bit harsh？ But this is how things are.

The evidence upon all sides leads to an unshakable idea that it comes as no surprise that to go to college is not necessary at all.

从这篇文章可以看出语言运用能力较为扎实，但这篇作文存在一个十分严重的问题，那就是偏离主题。题目是《人们为什么上大学》，作者写的是他觉得根本不一定非要上大学。虽然文章在语言和层次上都没有问题，然而，由于"文不对题"，这篇作文出现在考试中就只能得零分。

2. 段落方面

我们在检查作文段落方面的问题时，主要从这几个方面着手：主要检查段落材料是否充分、段落组织是否合理、段落之间是否连贯、过渡词是否运用得恰当等。下面结合具体的例子进行说明。

Exam-Oriented or Quality-Oriented Education?

Those people who want to go to the college or get a good job must pass the exam, so exam-oriented education is popular with many students and teachers. If you want to pass the exam, you needn't know much, just do the exercises again and again. The teachers purpose is to let you know how to use the formula to solve the problems, so the students who get high marks are often weak in real work.

By contrast, quality-oriented education is a long-term end hard work. By this education, a student will get more useful knowledge. They needn't do much homework but they know how to use the knowledge. That is why American students often learn happily and also have good techniques, because people in America learn knowledge and skills, not simply learn how to follow his teacher and do the examination papers with a high score.

这篇文章的主题思想把握得很准确，语法也没有错误，句子写得很流畅。它最大的缺点是没有层次性，不分段落，并且在开头没有引言就滔滔不绝地议论起来，没有提出自己的观点。另外，结尾的综述比较突然，因为在文章里并没有谈论发展趋势，在结尾处提到，使人感到过于草率。针对以上问题，修改如下：

In recent years, many people have been discussing exam-oriented and quality-oriented education. I think the latter will do good to our country.

It is true that people who want to go to college or get a good job must pass exams, so exam-oriented education is popular with many students and teachers. If you want to pass exams, you needn't know much, you just need to do exercises again and again. The teacher's purpose is to let you know how to use formula to solve problems. So the students who get high marks are often weak in real work. By contrast, quality-oriented education is a long-term colossal project. With this education, students will acquire useful knowledge. They needn't do much homework but they know how to use their knowledge. That is why American students often learn happily and also have good skills, the people in America learn knowledge and skills instead of simply learning how to follow the teacher and to score high on the exams.

From what has been discussed above, it's safe to say that quality-oriented education will take the place of exam-oriented education in the future.

3. 语法方面

语法错误，是学生写作中常常出现的一个现象，主要表现为：句意表达是否清楚、有无病句、标点符号是否运用正确、有无拼写错误等。语法包含的方面比较多，如果纯粹是理论，会显得比较空洞，我们结合具体的作文进行讲解。

What Accounts for Success?

Recently the problem of smart children's failure has drawn public concern. Statistics show that the smartest children may not become successful in their later career. I think there are several causes for this.

For one thing, these children often face inexorable pressure from other people. They are often expected to do things much better than others do. When they fail to do so, people will think that they are not successful. For another, these children, especially those who were known as smart ones, get success too easily at an early age. This makes them unwilling to do hard work which will lead to success. As we all know, David Beckham has the gift to play soccer, but what he regarded as important is practice. He always said, "Practice is what counts. Another example is that Dennis Rodman was thought to have more talents in playing basketball than Michael Jordan. But certainly he wasn't that famous for basketball. Why? Because Jordan was nearly the most hard-working one of all those who play in the NBA while Rodman wasn't."

From what had been discussed above, we may reasonably come to the conclusion that, although some genius is essential, working hard is also important. In fact that is often the only thing that leads to success.

这篇文章主题突出，内容丰富，结构清楚，层次分明。在列举原因时，引用了一些名人事例，很有说服力。然而这篇作文在语法上存在很多错误，尤其是在动词的时态上。当讲述实际情况和比较复杂的看法时，在一次与经常、过去与现在的表述上，暴露出在语法上的弱点。针对文中出现的语法错误，画线部分均可以用一般现在时来表示。

五、高中英语写作教学实践的设计

写作是一种综合能力的训练，是一项系统工程，它应贯穿于教学活动的全过程，不能一蹴而就，要循序渐进。写作能力的培养和提高，有赖于扎实的基础、写作方法和大量的写作实践。只要从这点出发，充分调动学生的学习积极性，以学生为中心，创造良好的课内外语言环境，一定能有效地促进学生写作能力的形成，改变目前学生写作能力弱的现状。

（一）英语写作教学设计的性质

写作是人类有意识地使用语言和文字来记录资讯、表达意向。写作是抒发感情的渠道，是表达思想的手段，是正确思维的工具，是交流信息的媒介。

写作是非常真实的语言运用形态，在真实生活中会经常进行创作性写作（creative writing）和学术性写作（academic writing）。学校无法设计完全真实的写作活动，只能设计一种半写作活动，即书面表达。顾名思义，书面表达就是要求学生用书面语言完成对信息的表达，信息的获取不是考查重点。

学生书面表达的能力包括：学生是否能够"准确使用语法和词汇；使用一定的句型、词汇，清楚、连贯地表达自己的意思"。显然，这一题型要求学生具有准确使用一定句型、词汇进行表达的能力。其最高分的要求为：完成了所有试题规定的任务；覆盖所有内容要点；应用了较多的语法结构和词汇；语法结构或词汇方面有些许错误，但为尽力使用较复杂结构或较高级词汇所致；有效地使用了语句间的连接成分，使全文结构紧凑；完全达到了预期的写作目的。

由此可知，写作教学应该重点培养学生运用常用词汇、常用结构进行准确、全面表达的能力，这是考试的要求，也是学生到高中毕业运用英语进行真实写作的基本能力要求。学生不是没有话要写，而是没有能力用英语表达自己的观点和想法。所以应该重点培养学生运用所学词汇进行表达的能力，以学促写，以写促学。

另外，根据教学的目的不同，我们可以把写作教学分为 learn to write 和 write to learn 两种。learn to write 指通过听、说、读、写、语法词汇等各种活动，学习如何写作（写即是学习的内容）；write to learn 指通过写作，学习英语语言（又是学习的手段），这里侧重讨论的是 learn to write 问题。

（二）英语写作教学设计的语言技能

语言技能是语言运用能力的重要组成部分。语言技能包括听、说、读、写四个方面的技能，以及这四种技能的综合运用能力。听和读是理解的技能，说和写是表达的技能，这四种技能在语言学习和交际中相辅相成、相互促进。学生应通过大量的专项和综合性语言实践活动，形成综合语言运用能力，为真实语言交际奠定基础。因此，听、说、读、写既是学习的内容，又是学习的手段。

写作为四大语言技能之一，它和其他技能的语言教学设计活动浑然一体。很难说某一教学活动仅仅针对某一技能，而是同时对所有四种语言技能的培养，只是不同的课型侧重点不一样而已。实际上，"听后写""读后写"已成为广大英语教师的日常教学模式，是听、读课必不可少的环节。

（三）英语写作教学中的读写结合

写作是英语教学过程中难度大、对综合技能要求高的一个板块。在当前新课程改革的大背景下，如何更加高效、高质地整合课堂，培养学生准确用英语进行书面表达的能力尤为重要。以下重在探讨如何运用输入和输出的语言学理论，将读和写有机地融合在课堂里面，以阅读促进写作、以写作巩固阅读。

1. 写作教学存在的主要问题

学好英语的关键在于掌握听、说、读、写这四项基本技能。在我国，英语教学是作为一种外语教学来进行的，在大部分情况下，学生缺乏自然的语言环境，不能像英美本土人那样通过自然的交往而习得英语。因此，课堂成为学生学习英语的主要途径。然而，课堂时间的有限性决定了学生不能在听、说、读、写的各个方面获得充分的发展，写是学生最为薄弱的环节。在教学实践中发现，学生在写作中常遭遇以下问题。

（1）词汇量小，用汉语完全可以理解作文内容，在尝试用英语表达的时候却无从下手。即使写出了几个句子，也会因为拼写错误、词语误用等情况而造成所写文章存在问题。

（2）语法不过关，不会灵活使用相关句型。相当部分的学生写作中的语法不规范，句子结构混乱。缺少句子成分、主谓不一致、时态误用、被动语态不规范、从句使用错误等是最为常见的一些问题，这也是造成一部分学生写出来的作文被称为中式英语的根本问题所在。

（3）句子间缺乏逻辑，篇章布局不合理，作文内容贫乏，言之无物。学生语感较弱，整合全文的能力不足，不会使用起承转合的连接手段将各个句子在语义和语用上衔接成为一篇条理清晰、通顺连贯、逻辑严密的短文。

学生写作中出现的问题反映了写作教学的问题。写作几乎没有指导，基本上是教师布置写作任务，学生自己写，或者把写作当作家庭作业布置，忽略了输入在写作中的示范作用。教师在布置写作任务时，不提供可供学生学习写作的范例，所以学生写作时无从下手。许多写作任务都是以准备考试为目的，基本套用考试写作题目的模式。有的教师要求学生背诵范文，机械套用一些不同文体的篇章结构。因此，学生的作品只有空洞的框架，没有鲜活的思想和内容。即使有写作教学，教师只重视写作结果，不重视写作过程。评价学生作品时，过分关注某些语言点的对错，对写作内容、文章的结构及逻辑性等不重视。一节写作课对学生要求面面俱到，重点不突出，教学时效性低。教师往往忽视评价和反馈的作用，忽略同伴之间的反馈，写作反馈等同于一个分数。

2. 写作教学中读写结合的依据

在英语的教与学的过程中，如果学生没有足够的语言基础知识，即词汇、句型和语法，那么他的写作也会空洞。反之，只有让学生在进行写作之前掌握大量的语言知识，学生才能根据已有的知识写出一篇内容丰富、表达准确、富有思想的作文，这正是契合了外语教育语言学中的语言输入（in-put）和语言输出（out-put）的理论。

（1）可理解性输入假设。人们通过两种方式获得语言知识：语言学习（language learning）和语言习得（language acquisition）。语言学习和语言习得是两种不同的学习方式，"学习"是人们有意识地通过学习语言规则和形式来获得语言知识，"习得"是人们无意识地在语言环境中理解话语意思并学会使用语言，就像儿童习得母语那样。因此，学习者要想在潜意识下习得语言知识和语言技能，必须置身于适当的语言环境中，接收适当的语言输入。

可理解性输入假设（comprehensible input hypothesis）是克拉申（Krashen）二语习得理论的核心内容。首先，可理解性输入假设试图解释人们是如何习得语言的。人类只有在理解了信息或接收了可理解性的输入后才能习得语言，所以，学习者应该将注意力放在语言的意义上而不是形式上。同时，可理解性的输入既不能太难也不能太易，假设学习者现有的语言水平是"i"，学习者现有的语言水平与要达到的语言水平之间的差距用"1"表示，那么，"i+1"就是稍高于学习者现有水平且可以被学习者理解并掌握的可理解性输入。因此，"i+1"就要求写作的语言输入应略高于学习者现有的语言水平，学习者可以通过反复练习以逐步理解，最终达到理想的语言习得效果。另外，理想的语言输入应具有以下四个特点。

第一，输入必须是可理解的。语言的编码信息是学习者可以理解的，而不可理解的输入是一种噪声。

第二，输入是有趣的，且密切相关。输入的语言材料是学习者感兴趣且与之相关的，学习者便会在不知不觉中习得语言。

第三，输入不必以语法为大纲。大量的可理解的输入是语言习得的关键，而按语法程序安排的教学不利于语言习得。

第四，输入是大量的。学习者通过吸收、加工可理解性的语言输入，自然地锻炼自己的语言输出能力。

可理解性输入假设认为：第一，从"i"阶段过渡到"i+1"阶段的必要条件是学习者能够理解含有"i+1"的输入；第二，通过理解含有"i+1"可以习得新的语言结构；第三，当输入可理解时，"i+1"就会自动成为现阶段的语言能力；第四，当学习者通过理解输入达到一定语言能力时，话语能力便自然产生。

另外，目前我国英语学习者所接触到的语言环境仍是以汉语为主的，大部分学生只有在课堂中才能接触到英语，那么英语教师课堂话语便承担着重要角色，它不仅作为知识的载体，而且本身也是学生获得语言输入的重要途径。因此，英语教师应不断提高自身课堂话语的质量，促进学生的二语习得。

（2）可理解性输出假设。可理解性输出假设（comprehensible output hypothesis）认为，虽然语言输入对语言习得很重要，但它还不能够使外语学习者具备准确且流利地使用目的语的能力。学习者必须通过有意义的语言运用才能使自己的目的语的语法准确性达到较高水平，在有足够的语言输入的同时，必须有足够的语言输出。

同时，当学习者感受到有提高和发展自己目的语的需要时，语言输出才有助于语言习得。另外，意义协商之所以能促进语言习得，不只是因为它有助于学生理解输入，还因为它能创造语言输出的机会。由此可见，语言的输出对学习者的二语习得具有重要的作用。

输出假设对语言习得有以下功能：①注意触发功能，指语言输出促使二语学习者意识到自身语言体系中存在的问题，从而触发他们对现有语言知识的巩固或获取新的语言知识的认知过程；②检测假设功能，指二语学习者在学习过程中形成一些有关语言形式或结构的假设，而语言输出则是验证这些假设的途径；③元语言功能，指二语学习者通过语言输出对语言进行思考。

目前，对中国的外语学习者而言，课堂上师生之间的互动与交流是学习者学习外语的主要途径，学习者在理解了教师的语言输入后，进行语言输出。同时，对教师语言输入的理解可以在学习者的语言输出中得到检验。学习者只有在不断进行语言输出的基础上，才能流利并准确地使用目标语，逐渐达到本族语的水平。然而我国目前的外语教学并没有巧妙地结合语言的输入和输出，而是过分地强调语言输入的作用，在一定程度上忽视了语言输出的作用。在外语课堂上，教师课堂话语占据了大部分时间，学生很少使用目的语进行交流，不利于学习者的外语水平的提高。

（3）交互假设。二语习得中的交互假设（interaction hypothesis）是建立在输入假设（input hypothesis）基础之上。而可理解的输入在二语习得中发挥着重要作用，但输入的理解是自行产生的。交际分为两种：双向交际（two-way communication）和单向交际（one-way communication），而双向交际比单向交际更有利于语言习得，因为在双向交际中，遇到交流困难时，双方可以进行适当的交互调整（interactional modification），不仅提高了语言输入的可理解性，还促进了可理解的语言输出。

另外，根据交互假设理论，从"互动""协同"等语言学习的本质属性的角度明确提出读写结合对外语学习的必要性和重要性。可见，阅读的不足之处是，读者与作者及其作品的协同是单向的，互动是间接的，交际紧迫感低，协同效应弱于人际互动中的协同。此外，阅读对培养组词成句的语言生成能力帮助有限。为了克服这些弱点，阅读可与写作结合起来，加大互动力度，提高协同效应。而且，无读物配合的外语写作练习，语言协同效应差，易受大脑中母语知识的影响，写出来的外语不地道。可见，可将阅读与写作这两种形式有机结合起来，从而有效弥补两者的不足之处，使两种方式互相促进。

（四）英语写作教学中的评价

在外语教学过程中，仍有不少教师对学习评价的意义认识不足，评价的手段可操作性不强。特别是对英语能力的评价往往集中在"听""说""读"上，忽视英语交际中最能体现英语综合能力和学生个性发挥的"写"上。同时，以往对学生的写作形成性评价的实施，往往局限于成长记录袋的建立上，而对这种评价上的偏差不利于形成性评价的实施和学生的全面发展。本部分针对当前评价出现的问题，特提出基于网络成长记录袋之下的高中英语写作形成性评价方法。

1. 写作教学评价的重要性

英语课程强调在进一步发展学生综合语言运用能力的基础上，着重提高学生用英语获取信息、处理信息、分析和解决问题的能力，应特别注重学生用英语进行思维和表达的能力，因此如何运用科学有效、多元化的评价方案提高学生的写作能力，是新课程标准下英语教学的重要课题，也是英语教师面临的巨大挑战。

新课程标准从写作本身和学生的特点出发，把英语写作定义为真正意义上的作文，主要体现在以下几个方面。

（1）个性化：会表达个人的观点和态度。

（2）注重内容：①力求使表达的内容有趣和有限；②注重交流，学会根据读者对象写作。

（3）交际化：遵循英语国家的文化习俗和交际准则。

（4）表达形式多样：能运用多种句子结构、变化的词、语体以及文体等。

从新课程标准对写作的具体要求中，可见它加大了形成性评价的力度，强调了写作能力形成的培养过程。然而，目前英语写作评价方法的实效性明显，很多评价方式只停留在形式与表面，很难促进学生英语写作水平的提高。在写作课堂上，我们一般采用的写作指导路子为成稿写作法（product approach），即由教师分析范文、控制作文题目，学生在每个小标题下扩展意义，他们一次成稿（one-draft），教师是唯一的读者，其主要作用是对学生的成稿进行评价，即对语法错误的改正，对内容、组织结构等的简短评论。教师的书面反馈是学生获得对自己作品评价的唯一来源，它标志着整个写作活动的结束。从这个过程中可见，教师只是担当了布置任务、检查任务的角色，将批阅打分作为写作的终极目标，过分关注对结果的评价而忽视对过程的评价，只重视教师的评价而忽略了被评价者即学生的参与评价。另外，由于教师是根据成稿来评估学生的，这就造成了学生对反馈意见的轻视，出现反复犯教师改正过的错误，写作水平一直停滞不前。因此，鉴于传统的写作评价存在着一些弊端，教师要追根溯源，找出问题的症结，并加以改进。

2. 写作教学中的形成性评价

学生英语写作形成性评价（writing formative assessment）的首要价值在于它能全面、合理地评价学生英语应用能力和进步状况。传统的终结性评价无法全面体现学生在语言学习中的个体差异和风格，诸如学习态度、学习兴趣和学习策略等，而这些正是形成性评价的优势所在。

学生写作形成性评价在教学中也具有重要价值。首先，它能反映出学生对语言学习的态度和观点，也能反映出他们在阅读和写作中所运用的学习策略和技巧。作为一个整体，全班学生的写作评价所体现的共同问题可以为教师及时调整教学计划提供重要的信息。其次，每个学生的写作档案则能体现他们各自的兴趣爱好、性格特点、个性风格，以及在学习和其他方面的优势和不足，这有助于教师因材施教。最后，学生电子写作评价档案是属于学生自己的一片园地，不仅可以展示其学习上的进步，还可以表现出其个性风格，由此产生的满足感和成就感会增强学生参与语言学习的积极性，激发他们自主学习的热情。

形成性评价的目的在于分析、诊断写作教学过程中存在的问题，为正在进行的教学活动提供反馈信息，以提高正在进行的教学活动质量为最终目标。为此，应有以下操作。

（1）建立写作电子成长记录袋（web-based portfolio）。鉴于传统学生成长记录袋实践中所表现的一些缺憾，要求学生建立电子成长记录袋，将其挂在校园网上。写作电子成长记录袋不仅可以持续记录每个学生语言学习的全过程，对学生和教师有重要的参考价值，还可不受时空限制地提供学生家长和社会参与的机会，以便使他们能随时了解学生学习的进步情况。同时，还可以供其他学生、教师或研究者开展相互学习或进行学术交流。其优势不仅在于促进学生写作能力的提高，更重要的是，它给学生提供了一个展示自己才华和创造力的舞台，充分体现了学生"自主学习"的原则。

写作电子成长记录袋中包括按照一定要求收集的作品，对每个作品而言，要求学生在上传终稿的同时，也保存写作的草稿。同时还要求学生对作品进行反思，保留同学们在网络论坛（BBS）、腾讯 QQ 或微信群上对自己写作所做的评价。学生在一个学期中可以选择的四件作品具体包括：一是学生认为"重要"的作品；二是学生认为"满意"的作品；三是学生认为"不满意"的作品；四是学生自由选择的作品。其中"重要的"和"满意的"作品可在一学期中随时更换。老师如果发现学生在一段时间作业完成不好，可抽出他前一阶段的作品，来激发他的学习兴趣，培养他的自信心。

（2）构建写作形成性评价的评价机制。首先，要求学生依据评价标准对自己的作品进行独立的自我评价（self assessment）。通过自我评价，他们会进行自省和反思，肯定自己在学习中努力的结果，并看到改进的必要性和进取的可能性。自我评价是一个自我诊断并进行自我调节的过程，它既培养了学生的自我认识与自我教育的能力，又帮助学生养成了在学习中自我评价的好习惯，弥补了单纯的"他评"（peer assessment）带来的不足，从而提高了评价效果。其次，建立写作形成性评价小组（assessment group），以划定的学习小组为单位，依据评价标准进行同伴互评。在互评时须填写互评表格，并一同存入成长记录袋，以供作者参考。

（3）教师在学生写作阶段适时进行评价。在日常的教学过程中，用观察法（observation method）作为常用的考评方法，它简便易行。学生在审题、构思、遣词造句和检查修改等活动中的表现，依赖于教师的观察来考评，当然，也可鼓励学生参与对自己的评价。教师评语要用描述性语言（descriptive tone），针对学生在写作过程中及完成效果上暴露的问题及表现的优点实事求是地做出评价，并以"优、良、合格、须努力"认定。

由于观察记录是对学生日常学习活动及进步的纪实和描述，所以教师应及时地、分阶段地（如两周或三周）将记录内容和反馈意见提供给学生，以便学生了解自己的实际情况并在以后的写作过程中扬长避短，不断进步。通过观察，教师还可以了解学生综合语言运用能力的发展过程以及学生写作过程中的情感态度和参与表现，结合自己的教学目标与学生的个体差异（personality and individual differences），设计出适合本人教学的评价方式，并有效地贯穿于英语写作教学中以进一步提高教学质量。

同时，运用访谈法（interview method），针对个别学生某次或几次的写作情况以面对面（face to face）或网上（web-based）交谈的形式进行分析和评价。访谈法有利于教师发现学生本人对自己已取得的成绩和存在的问题的感受与体会，并针对学生个人的进步和需求做出正确、积极、更加具体的评价，帮助其发现自己写作方面的长处和存在的不足，以激励其取得更快进步。访谈法针对性强、反馈速度快、效果明显。

总体而言，基于电子成长记录袋的写作形成性评价，通过师生的参与，使在写作开始前进行的训练思考、组织和计划的练习以及修改草稿（初稿和复稿）的写作过程延长和多样化。具体而言，一篇写作经历"集思"（brainstorming）、草写（drafting）、小组活动（small-group activities）、老师与学生之间的讨论（teacher-student conferences）、听取其他同学的意见（student-student conference）等几个阶段，学生通过写作前的准备（pre-writing）、初稿（drafting）、改稿（revising）以及编辑（editing），充分利用学生的想法与亲身体验，真实感受写作进步过程，这几个阶段使得英语写作评价形成一个渐进式"循环性"的学习过程（recursive process），而不是单一的"直线性"（Linear Process）的作业行为和教师简单的成稿打分行为。

（4）写作形成性评价注意的问题。基于网络成长记录袋之下的英语写作形成性评价有利于学生组织英语作文篇章结构和使用不同体裁的语言形式能力的提高，特别是对语篇内容结构的图式建构有更为显著的效果。写作形成性评价比终结性评价更能培养学生积极的情感体验，有助于学生参与写作的过程、培养积极的写作意识。同时，网络多维度的评价相结合有利于学生从不同的视角了解自己的写作水平，学习怎样进行自我评价以及同伴间的互评。另外，电子写作成长记录袋记录了学生在写作方面的成长历程，有利于学生反思自己的写作水平变化过程，通过英语写作形成性评价研究，主要有以下体会。

第一，教师在设计与实施评价方案时，要明确评价的功能与目的。即通过评价活动要达到怎样的目的，发挥评价的哪些功能，然后在此基础上，根据学生的实际水平，选择和使用不同的写作任务和评价策略。换言之，一切都应以促进学生的写作兴趣和提高学生的写作能力为最终目标。利用形成性评价手段指导写作训练时，应计划周密、目标明确、指导得当，任务的难易程度要适中，避免学习过程中只重表面形式而忽视了实际效果的现象。形成性评价不仅使教师更了解学生，而且让学生参与到评价中，所以也让学生更了解自己的学习。学生看到自己在学习过程中的每一点收获，增强了自信心；学会分析自己的不足，明确了努力的方向，不断地调整学习策略，这个过程就是学生自主学习的过程。

第二，注意形成性评价的内容要与教学内容基本保持一致。无论是建立网络成长记录袋、规定学习任务，还是其他形式的形成性评价活动，都应考虑学生的实际水平，内容要贴近学生的生活，密切结合课堂教学。例如，在写作教学中可以帮助学生建立"词汇银行"。"词汇银行"用于鼓励学生多使用新单词，从而增强词汇学习的能力。"词汇银行"改变学生的英语学习与实际生活脱轨的状况，鼓励学生在使用中学，并促使学生注重学习过程，注重积累，为学生发展服务，反映学生的学习发展过程。

第三，教师不能完全否定传统评价的甄别和选拔功能，错误地以为形成性评价只要发挥评价的诊断、激励和发展的功能就可以了。可见，学生写作能力的真正提高自然也应反映在他所参加的一系列考试当中。只有这样，才能真正保持学生对写作的长期兴趣，也才能完全实践并发挥形成性评价的最大功能。

第四，教师学生互惠互利、实现双赢。引进形成性评价机制可以从根本上改变这种现状，学生可以自改、互改，这既减轻了教师的工作压力及负担，同时也在评价上让学生及时、迅捷地找到自己的弱点，自我进行有机、有效的调节。

六、基于微课的高中英语写作教学实践应用

（一）基于微课的写作教学方法

第一，采用直观教学法与启发教学法相结合。把单个英语句子比喻成一棵大树，简单句比喻成枝叶较少的杨树，复杂句比喻成多枝多叶的胡杨，段落是一片小树林，篇章则是一片大森林。借助树形图，启发学生对英语句式进行深层次思考。

第二，讲授法与问题探究法相结合。借助微课，以教师对学习重点、难点、典型案例等进行必要的分析与讲解的讲授法为辅，以引导学生通过查阅资料、观看微课视频、同学间相互讨论等方式发现问题、分析问题、解决问题的问题探究法为主。

第三，产出导向法与任务型教学法相结合。根据具体产出任务，引导学生查阅资料、观摩微课视频、积累素材，最后形成文本。

（二）基于微课的写作教学评价

英语基础写作课程坚持输出驱动、输入促成的教学理念，采用线下集中学习和线上分散学习相结合的混合式教学模式。英语基础写作课程的教学活动主要有以下方面。

第一，课前预习。课前预习分为三个阶段：第一阶段，要求学生查阅课上要学习话题的相关知识（包括传统纸质资源和网上资源）；第二阶段，提供给学生相关话题的微课视频供学生课下观摩学习；第三阶段，学生在班级网络平台上针对要学习的话题进行讨论。

第二，课上集中学习。课上集中学习活动也分为三个阶段：第一阶段，学生针对课前预习的任务进行小组讨论，然后小组代表发言；第二阶段，教师结合学生发言及学生习作案例进行点评、分析及讲解；第三阶段，为巩固练习及习作分享。

第三，课下反思、在线讨论及资源共享。每节课后每个学生都要写反思日记，主要内容包括本节课的收获、困惑、问题和建议。写好后通过网络平台提交给任课教师。课下教师和学生一起在班级网络平台针对课上所学话题进行再次讨论及分享自己所查阅到的与话题相关的资源。

鉴于以上教学活动包括线上线下活动和课上课下活动，所以英语基础写作课程拟采用"n+2"多元教学评价体系。此体系以学生为评价主体，第三方积极参与，以过程性、动态性为主要特点的全方位评价体系。此评价体系充分关注学生"学"的过程，以观测学生学习过程中的"变化"与"改进"为基点，不断对教学内容与进度进行实时调整，积极发挥学生评价对教学的反拨作用；评价坚持增值性导向，在尊重学生个体差异的基础上，鼓励学生不断进步，在课程评价过程中，引导第三方积极参与，及时、准确地把握现代教

学对学生能力的需求，精准定位课程培养方向、教学内容的短板，促进课程的完善。

"n+2" 多元教学评价体系中的 "n" 包括课堂表现、小组活动、电子线上线下作业、有效提问、独特见解、资源共享等，共占总成绩的 50%。"2" 包括期中小测成绩和期末成绩，共占总成绩的 50%。由终结性评价向多元化的形成性评价体系发展，由只重结果到重过程、重参与、重态度，养成学生良好的学习态度、学习习惯、健康向上的情感和科学的学习策略，从而构成一个和谐的多维互动的课堂生态系统，促进学生全方位地发展。

（三）基于微课的写作课程特色与创新

第一，英语中的句、段、篇分别与树、树林、森林做类比，增强了英语写作教学的直观形象性。系列微课设计中均用一棵大树类比一个英语句子，一片小树林类比一个段落，一片大森林类比一篇文章，增强了英语写作知识的趣味性与生动性。

第二，借助微课等网络数字资源形成课上课下、线上线下的混合式教学模式，突出学生学习的主体地位，改变师生角色及话语权。学生从课程的被动接受者转变为课程的合作者与监督者，从机械接受者转变为积极思考者，从被动学习者转变为主动学习者，从观众转变为演员。教师从课程的执行者转变为课程的设计者与开发者，从教导者转变为学习伙伴，从传播者转变为对话人，从监管者转变为激励者，从演员转变为导演。

第三，课程建设与评估体系综合研究。本项目将 "以微课为媒介的高中英语基础写作课程建设" 与课程教学评估体系结合起来进行研究，以课程内容能力要求建立课程评估，以评估标准促进课程教学，以评估体系保证项目的正确实施。

（四）基于微课的写作课程推广

在信息技术与外语教学深度融合的教学背景下，本课程拟以微课为媒介建设线上线下相结合的混合式高中英语基础写作课程，此课程强调学生在学习中的主体地位，促进师生角色的转变，提高学生英语写作学习中的话语权，实现师资优化配置。同时此课程从一定程度上解决了传统英语写作课堂教学中时间紧、反馈少、提高慢、学生写作动力不足、缺乏兴趣等问题。

借助数字网络课程资源，学生能够在网络教学平台查找高中英语基础写作微课视频并进行学习，从而实现优质教学资源共享，满足个性化的学习要求，同时也降低了教学成本，从而推动新时期高中英语教学的创新发展。

第五章 高中英语教学方法的运用

第一节 高中英语自主学习方法的运用

近年来，自主学习成了英语教学的研究热点，培养学生的自主学习能力也成了英语教学的重要任务。在信息化时代下，高中英语自主学习方式可以不受时空的限制，不断提升学生的积极性和主动性，有助于学生终身学习的实现。本节主要研究信息化时代下的自主学习。

对于自主学习这一概念的表达，有 autonomous learning（自主学习）、active learning（主动学习）、self-study（自学）、self-managed learning（自我管理学习）、self-education（自我教学）等。它们反映了两个问题：一是人们对自主学习的研究极为关注；二是不同的学者对自主学习关注的角度、重点不同。

自主学习就是学习主体主导自己的学习，它是在学习目标、过程及效果等诸多方面进行自我设计、自我管理、自我调节、自我检测、自我评价和自我转化的主动建构过程。

自主学习的含义主要包括三个方面：第一，自主学习是学习者指导和控制自己学习的能力。例如，选择不同学习方法的能力、针对不同学习任务采取不同的学习活动的能力等。第二，自主学习可以理解为教学机制（教学行政部门、教学大纲、学校、教师、教科书）给予学习者的自主程度，或者是对学习者自由选择的宽容度。第三，自主学习有两个必要前提：一是学习主体要具备自主学习的能力；二是要在教学机制提供的自主学习空间中。

从横向和纵向两个角度来研究自主学习，将自主学习解释为"能学""想学""会学"和"坚持学"。自主学习是建立在自我意识发展基础上的能学，建立在具有内在学习动机基础上的想学，建立在掌握一定学习策略基础上的会学，建立在意志努力基础上的坚持学。

总而言之，从不同角度揭示了自主学习的内涵，并提供了一些可供参考和借鉴的框架。这里从横向层面和纵向层面对自主学习的实质进行总结。

横向层面的自主学习是从学习的各个维度和方面对自主学习进行综合界定。同时，自主学习就是学习者本人对学习的各个方面自觉地做出选择和控制，学习者的学习具有充分性。具体而言，如果学习者的学习动机是自驱动的，并且学习内容是自己进行选择的，学习策略也是自主进行调节的，学习时间是自我管理和计划的，那么，学习者就能主动地营造有利于学习的物质与社会条件，并且能够对学习结果进行评价和判断，相应地，其学习也就具有自主性。

纵向层面的自主学习是基于学习的完整过程对自主学习实质进行的阐释。假如学习者在学习活动前就能确定具体的学习目标，并制订相应的学习计划，做好充分的准备，那么，其在具体的学习活动中就能够很好地对其学习策略、学习方法等进行自我监控、自我调节和自我反馈。并且，还能在学习活动后，对学习结果进行自我总结、自我检查、自我评价甚至自我补救等，相应地，其学习就具有充分的自主性特点。

一、高中英语自主学习的特点

（一）自立性

自立性是自主学习的基础和前提，是学习主体内在的本质特性，是每个学习主体普遍具有的。它不仅经常地体现在学习活动的各个方面，而且贯穿于学习过程的始终。因此，自立性又是"自主学习"的灵魂。具体而言，自主学习的自立性体现为以下方面。

第一，每个学习主体都具有"天赋"的学习潜能和一定的独立能力，能够依靠自己解决学习过程中的"障碍"，从而获取知识。

第二，每个学习主体都具有自我独立的心理认知系统，学习是其对外界刺激信息独立分析、思考的结果，具有自己的独特方式和特殊意义。

第三，每个学习主体都是具有相对独立性的人，学习是学习主体"自己的"事、"自己的"行为，是任何人不能代替、不可替代的。

第四，每个学习主体都具有求得自我独立的欲望，是其获得独立自主性的内在根据和动力。

（二）开放性

在自主学习中，学习主体变为学习的中心，由知识的被动接受者变为积极主动的学习者。在自主学习模式中，教师通过自己的指导使学生能够对学习进行独立的探索，学生在这种模式中按照自己的方式学习英语。由于这种角色的转变，学生学习的能动性逐渐增加，会自觉地在学习中体验运用英语知识、技能解决实际问题。

（三）自律性

自律性就是学习主体对自己学习的自我约束性或规范性，它表现为自觉地学习。

第一，自觉性是学习主体的觉醒，是对自己的学习要求、目的、行为、意义的充分觉醒。它规范、约束自己的学习行为，促使自己的学习持之以恒。它在行为域中则表现为主动性和积极性。因此，自律学习也就是主动、积极的学习。主动性和积极性来自自觉性。只有认识到自己学习的目标意义，才能使自己的学习处于主动、积极的状态；而只有主动积极地学习，才能充分激发自己的学习潜能和聪明才智，确保目标的实现。

第二，自律学习体现学习主体清醒的责任感，它确保学习主体积极主动地探索、选择信息以及建构、创造知识。

（四）自为性

自为性是独立性的体现和展开，它包括学习的自我探索性、自我选择性、自我建构性和自我创造性四个层面。

1. 自我探索性

自我探索建立在好奇心的基础上，是学习主体基于好奇心所引发的，对事物、环境、事件等自我求知的过程。它不仅表现在学习主体对事物、事件的直接认识上，而且表现在对"文本"知识的学习上。文本知识是前人对客观事物的认知，并非学习主体的直接认识。因此，对"文本"知识的学习实际上也是探索性学习。通过自我探索而求知、认知，这是学习主体自为获取知识的方式之一。

2. 自我选择性

自我选择性是指学习主体在探索中对信息的由己注意性。外部信息只有经学习主体的选择才能被纳入认知领域；选择是由于被注意，只有经学习主体注意的信息才能被选择进而被认知。因此，学习是从学习主体对信息的注意开始的。而一种信息要引起注意，主要是由于它与学习主体的内在需求保持一致。由内在所求引起的对信息选择的注意，对头脑中长时记忆信息的选择、提取、运用从而发生的选择性学习，是自为学习的重要表现。

3. 自我建构性

自我建构性，即学习主体在学习过程中自己建构知识的过程。在这一过程中，由选择性注意所提供的新信息、新知识，是学习的对象。对这一对象的学习则必须以学习主体原有的经验和认知结构为前提，而从头脑中选择提取的信息是学习新信息、新知识的基础。这两种信息经由学习主体的思维加工而发生了新旧知识的整合和同化，使原有的知识得到充实、升华，进而构建新的知识系统。因此，建构知识既是对新信息、新知识的建构，又包含了对原有经验和知识的改造和重组。

4. 自我创造性

自我创造性是指学习主体在建构知识的基础上，创造出能够指导实践并满足自己需求的实践理念模型。它是学习自为性更重要、更高层次的表现。这种实践理念及模式，是学习主体根据对事物发展的客观规律、对事物真理的超前认识、对其自身强烈而明确的内在需求，从而进行创造性思维的结果。建构知识是对真理的认识，是对原有知识的超越；而实践理念模式则是以现有真理性知识为基础，并超越了它。这种超前认识是由明确的目标而导引的创造性思维活动，在这种活动中，学习主体头脑中的记忆信息库被充分地调动起来，信息被充分地激活，知识系统被充分地组织起来，并使学习主体的目标价值得到了充分张扬。

从探索到选择到建构再到创造的过程，基本上映射了学习主体学习、掌握知识的一般过程，也大致反映出其成长的一般过程。在这个意义上，自为学习本质上就是学习主体自我生成、实现、发展知识的过程。

二、高中英语自主学习的因素

（一）自主学习的内在因素

影响自主学习的内在因素包括智力因素与非智力因素两个方面。智力因素一般指观察力、记忆力、思维力、想象力和注意力，而且这其中的每一种能力都有其独特的作用。非智力因素是指动机、态度、兴趣、情感、意志、性格等。

1. 智力因素

智力因素是自主学习的前提和基础，这里的智力因素主要指语能（language aptitude），也就是语言智商。语能作为智力的一部分，是个体一种特殊的语言认知能力。语言的认知能力包含以下四种。

（1）语音编码能力。语音编码能力可以使人形成语音与符号之间的相互联系从而辨别不同的语音，同时形成记忆。

（2）语法敏感能力。语法敏感能力可以使人辨认词在句子中的具体语法功能。

（3）语言学习归纳能力。语言学习归纳能力可以使人通过例句来归纳语言的运用规则。

（4）语言记忆能力。语言记忆能力可以使人在文字与意义之间形成有效联系，同时进行记忆。

2. 非智力因素

（1）学习态度。学习态度指学生对于自己在学习中的责任的认识。在英语学习过程中，如果学生的学习态度不佳，那么就无法开展自主学习。这是因为只有在学生自愿负责自己的学习时，学习效率才会高。下面具体分析学生对语言本质、归因、自我效能感三个方面应持有的态度。

第一，语言本质。从语言本身的结构看，所有语言都是由其语音、词汇、语法三部分构成。但交际功能是语言的重要属性，如果只把英语学习放在英语语音、词汇和语法的学习上，只看重对语言基础知识本身的学习，忽略了语言的社会功能，语言学习就没有多大意义。因此，学习语言不仅要学习语言本身，更要学习对语言的使用，了解语言作为交际手段在社会交往中的作用。

第二，归因。归因指学生对自己学习成败所进行的原因解释。影响学生学习成败的因素主要有四种：①学习能力，指学生内在的、不可控制的一种不稳定因素；②努力程度，指学生自身具备的、可控制的一种稳定因素；③任务难度，指外在的、可控制的且具备稳定性；④运气大小，指外在的、难以控制的且具备不稳定性。

归因不同，对学生的学习动机所产生的影响大小也不同。通常而言，个体把自己的学业成功归因于外部不可控制的因素，如运气不佳、自身能力不足、任务难度过大，就会影响其学习的自主性；如果个体把自己的学习成功归因于能力，把学习失败归因于努力不够，就更容易激发自主学习。如果学生倾向于把自己的学业成败归因于可以弥补或纠正的原因，这种归因就可以引发学生积极的自我反应，促进学生进行自主学习。

第三，自我效能感。自我效能感是指个体相信自己有能力完成某种或某类任务，是个体的能力和自信心在某些活动中的具体体现。自我效能感通常在以下方面影响学生的自主学习进程：①对学生学习任务的选择产生影响。②对学生学习目标的设定产生影响。③对学生在学习任务过程中体验紧张、焦虑感时产生影响。④对学生为学习任务进行努力和面对困难的坚持程度产生影响。

学生在使用元认知策略进行自我学习调节时与自我效能有着密切关系，通过提高自我效能感能增加学生对认知策略的应用；自我效能感与目标设置在自主学习中的作用的模型，高自我效能感的学生使用的自主学习策略更为有效；自我效能感通过目标设置等具体的学习过程来影响学生的自我学习动机。可见，提高学生的自我效能水平可以在很大程度上促进其自身的自主学习。

（2）学习动机。学习动机是学生由一种目标或者对象所引导、激发和维持学习活动的内在心理过程或内部动力。大量研究证实，学习动机与学习成绩关系紧密。动机是影响第二语言学习和外语学习速度和成功的主要因素之一。学习动机分为两种类型：融入型动机和工具型动机。

第一，融入型动机被认为是学生内在的、更加持久的语言学习动机。具有这种动机的学生喜欢并欣赏所学的语言以及与所学语言相联系的文化，希望自己能够掌握和自由运用该语言，更希望自己能像目标语社会的一个成员，并且能为目标语社会所接受。

第二，工具型动机是指学生将目标语看作一种工具，希望掌握目标语后能给自己带来实惠。这种学习动机具有"无持久性"和"有选择性"的特点。因为学生将外语作为一种获得其他利益的工具，有一定的局限性，在一定程度上影响和束缚着学生，从而很难达到真正意义上的语言学习效果。目前，我国的英语教学中，大部分英语学习者的动机为工具型动机，如大部分高中生学习英语的动机是获得四、六级证书。

一旦学习动机形成，就会对学生产生一定的指导性，如指导学生用主动积极的态度去学习、对学习表现出浓厚的兴趣、上课能集中注意力去吸取知识等，同时会使学生产生动力，使他们在学习过程中的注意状态、兴趣水平保持下去，在遇到困难时有克服困难的意志力。同时，学习动机与学习态度也是密切相关的。如果个体学习动机明确，学习态度认真，学习目的端正，那么就会积极地为自己创造良好的学习条件和氛围。学习动机提供学生英语学习的主要动力并促使学习过程持续下去。

任何影响学生学习积极性的因素，都是通过学习动机这一媒介对学习活动发生作用的。可见，学习动机是推动学生学习的内驱力。

（3）学习能力。许多学生虽然愿意为自己的英语学习负责，然而由于本身缺乏真正的自主学习能力而无法兑现这种责任。通常，学习能力包括八个方面：①制定并根据学习情况及时调整学习目标，以使其合理化；②诊断学习材料、活动与学习目标是否相符的判断能力；③对学习材料、内容的选择能力；④对学习活动方式、自我设计学习活动方式以及执行学习活动的选择能力；⑤与其他人（教师或同学）进行协商的能力；⑥对学习活动实施情况的监控能力；⑦对学习态度、动机等因素的调整能力；⑧对学习结果的评估能力。

（4）学习风格。学习风格是指在长期学习过程中逐渐形成的具有鲜明个性的、经常的、稳定的行为，其实质是学习者喜欢的或经常使用的学习策略、学习方式或倾向。

人们的学习过程以及学习方法往往存在很大差异，每个人都有自己习惯的学习方式。学习者对外部世界信息的感知主要通过视觉、听觉和动觉三种感官来实现。

第一，视觉型的学习者习惯用眼睛学习，对于视觉感知的信息比较敏感，对于以图片等形式展现的内容具有很好的理解能力。

第二，听觉型的学习者喜欢用耳朵学习，他们善于通过"听"来接收信息，他们喜欢通过听录音带、听报告、听对话等方式获取信息。课堂上，听觉型学习者能轻松地听懂老师的口头讲授。

第三，动觉型的学习者喜欢通过实践和直接经验来学习。他们喜欢参与和亲身体验活动，对于那些通过亲身体验来学习的活动具有较大的兴趣。

对教师而言，了解学生的学习风格有助于他们了解学生、激励学生、帮助学生。对学生而言，了解自己的学习风格有助于他们将注意力集中到学习过程中，使他们注意吸取他人的经验，借鉴他人好的学习方法，不断拓宽、改进原有的学习方法，进而不断激发自己的潜能，提高学习质量。

（5）学习策略。学习策略的有效运用是自主学习的有效保证。现代认知心理学一般将学习策略分为认知策略和元认知策略。

认知策略是指个体对外部信息的加工方法，是个体为了提高自己的认知操作水平而采用的各种程序和方法。认知策略分为一般性认知策略和具体性认知策略。前者适合任何学科的学习，后者适合特定的学习内容。这两种认知策略都是学生自主学习时必须具备的。

元认知策略关系到个体如何选择、应用和监控其所建构的认知策略，主要包括自我指导策略、自我监控策略、自我评价策略等。

（二）自主学习的外在因素

除受内在因素的影响外，自主学习还受外在因素的影响，包括教师、同伴、学习环境以及社会环境。

1. 教师影响

作为课堂活动的重要组织者，教师在教学中对学生的学习起着不可忽视的作用。学生的学习过程会受到教师教学方法、教学理念的影响，同样教师在教学过程中对学生在学习方法、学习策略方面的支持和指导越多，学生从教师的教学中得到的启发就越多。

要想提高学生的自主学习能力，教师自己首先要有自主意识，只有教师在教学中向学生渗透自主学习的理念，学生才能逐步实现学习的独立性和自主性。

自主学习并不代表教学中给予学生绝对的自由，教师对于课堂的监督和维持作用是一直存在的，教师仍需要对整个学习过程进行监控，使自主学习有效地进行。此外，教师可以通过策略训练来促进学生自主学习。教师通过问卷调查等方式对学生的学习情况进行全面了解，然后根据其具体情况制订相应的学习目标和计划。学生选择适合自己的学习方法。教师在教学过程中加强对学生学习的监控和监督，使自主学习顺利进行。

2. 同伴影响

虽然自主学习主张学生独立思考、独立完成学习，但这并不意味着学习是完全独立的。同伴之间的协商、合作对于自主学习也十分必要，能有效地促进学生自主学习。同伴对学生自主学习的影响主要体现在以下几方面。

（1）同伴的自主学习对学生有榜样示范的作用。学生在学习过程中会不断地与同伴的知识水平进行对比，同伴能为学生的学习带来动力。

（2）学生对自身自主学习能力的评估受到同伴的自主学习行为和学习成绩的影响。学生对自己自主学习能力的评估经常以同伴的能力和成就为参照，因此同伴的能力水平对学生自主学习能力具有一定影响。

3. 学习环境影响

自主学习的进行不可能脱离一定的学习环境，因此不可避免地会受到学习环境的影响。良好的学习环境和丰富的辅助资源是自主学习能否获得成功的一个重要条件。显然，良好的学习环境（如适宜的学习场所、各种学习设施、丰富的图书资料以及易获得的学业帮助等）有利于学生开展自主学习。

4. 社会环境影响

社会环境包括文化环境和人际关系两个因素。

（1）文化环境。文化环境因素始终存在于英语学习的背后。文化环境对语言学习者的行为、学习价值观、思维习惯以及态度有着重大的影响，直接影响自主学习效果。以我国学生的英语学习为例，在目前的中国文化氛围里，英语教学往往过分注重知识的传授，而忽视了对科学精神与方法的培养；注重应试教学，忽视对学生的主动性、创新性和创新能力的培养；崇拜权威，重视背诵，缺乏对个性特点和自信心的培养；强调律己、独思，缺乏对合作意识的培养。以上种种环境，使我国学生自主学习的意识不强，甚至对自主学习有抵触情绪，很多学生在英语学习上缺乏主体意识。

现代外语教学模式从以教师为中心转移到以学生为中心，学生要适应这种转变，对自己的学习负责任，有意识地提高自主学习的能力，变被动学习为主动学习。同时，教师要积极创造一种新的外语学习文化氛围。教师要有意识地培养学生的团队精神，使学生认识到，在一个团体里每一个成员都要发挥其本身的价值，整体的力量大于个体，相互促进、相互配合、相互竞争、相互信任，以改善学习气氛、提高学习效率。

（2）人际关系。英语课堂中的人际关系主要包括师生关系、同学关系。一方面，良好的师生关系、同学关系可以降低学生在学习中的焦虑感、紧张情绪；另一方面，良好的师生关系、同学关系可以营造良好的自主学习环境。当师生之间、生生之间形成了融洽、和谐的关系，学生在学习中具有情绪的安全感时，其自主学习的意识就会逐渐增强。

对此，教师在教学中要努力创造轻松、和谐的课堂氛围，建立友好的师生关系和同学关系，使学生乐于参与课堂活动，积极参与合作学习，最终获得自主学习能力。

三、高中英语自主学习的意义

（一）学生之间差距互补

学生的学习能力存在较大差异，学生对新知识的掌握速度不同，在学习方面的擅长点也不同。而借助于自主学习，能够很好地弥补学生间的距离。此外，自主性强的学生能够通过有效的学习方法和自我调节来提升学习成绩，而且成绩会高于自主性差的学生。

（二）增强学生学习意志

学习意志是人的主观能动性在学习上的突出表现形式。学习意志对学生个体的学习具有调节、保障作用。正如陶行知所说的那样：学习光靠智力不行，有了学习的热情还不够，还得有坚持到底的意志，这样才能战胜巨大的困难，挑战人生面临的险境时才能沉着应对。

在高中开展自主学习，能够使学生产生内在的求知欲和驱动力，并支配学生个体进行持之以恒的学习，表现出一种意志的坚韧性。诸多实践充分证明，学生在自主学习的过程中，能不断地尝试着运用各种策略逐个解决学习上的困难、提升学习体验和能力，其学习的意志也会日益强化。

（三）实现英语教学目标

对现代教学目标进行分析不难发现，其在逐渐倾向于人的全面能力的培养。未来的社会是一个继续学习的社会，一个要求人们必须终身受教育、不断自我发展与提高才能适应生存的社会。因而，当代的高中也必须肩负起培养学生的自主学习能力，使学生通过自主学习获得走向未来社会的技能，能够对人际关系进行妥善的处理，并注重培养学生的团队合作精神。

高中英语教学应改变原有的讲授式教学模式，培养学生的自主学习意识。在新的教学模式下，教师的首要任务就是培养学生的自主学习能力。

（四）建立终身教学体系

迅速发展的科学技术以及不断提高的职业要求使人们逐渐认识到在学校学到的内容已经无法适应时代的变化，只有不断进行自主学习，完善自身，才能更好地实现人生价值。因此，自主学习是个人终身教学的需要。终身教学体系不仅打破了将人生分为学习和工作两个阶段的传统观念，也打破了传统学校教学体系的封闭性和终极性，使教学成为人们终身的活动，成为工作、生活甚至生命的重要组成部分。学生一旦具有终身学习的意识和自主学习的能力，将能更好地应对不断变化发展的时代。

四、高中英语自主学习的实施

（一）教师角色的转变

要想培养学生的自主学习能力，教师首先要转变原有的观念，将学生视为学习活动的主体，积极引导学生进行自主学习。教师首先要将学生视为学习的主体，尊重学生的个体差异性；尊重学生的人格，鼓励学生多角度地思考问题，营造一种和谐平等的课堂气氛，使学生主动投入英语知识学习和英语交际中去。

（二）教学目标的明确

在信息化时代下，要想学生有效地进行自主学习，而不沉迷于网络，首先需要明确教学目标，使学生了解学习的目的，端正学习的态度，树立终身学习的理念。

在传统的英语教学中，教学目标一般由教师或学校来制定，学生基本不参与，没有太多的自主性。学生对教学目标的了解甚少，往往教师在课堂上教授什么知识，学生就学习什么知识。在这样的教学模式下，学生的自主学习意识往往较为薄弱。

而在信息时代下，教师应让学生在开始自主学习之前明确自己的学习目标。具体而言，教师应做到以下两点。

第一，让学生参与学习目标的制定。学生参与教学目标的制定不但可以提高教学目标制定的合理性，还会增强学生的自主意识和责任感，使学生感到自己在教学过程中的重要作用，同时又有助于学生根据教学目标的变化，随时调节自己的学习方法和策略，提高自主学习能力。

第二，让学生了解每个单元、每节课的具体目标，使学生的学习更具有针对性和指向性。

（三）自主学习资源的优化

丰富而多样化的学习资源对学生的自主学习十分有利。具体来讲，学校应优化学习资源，配备现代化的多媒体网络平台或建立自主语言学习中心，组织自主性的学习活动，全面开放实验室、图书馆、自习室、实践基地等，尽量满足学生的需求，为学生提供个性化服务，从而使学生在开放氛围中与同学和教师沟通交流，激发学生的学习兴趣，提高学生的自主学习效果。

（四）自主学习氛围的营造

在信息化时代，科技的发展使得网络、多媒体等现代技术在英语教学中得到普遍应用，这些都为学生进行自主学习提供了便利的条件。例如，学生可以在安静的环境中利用现代技术设备进行语言的专项训练；通过网络浏览英语文献资料或与人进行交流等。

教师可以充分利用网络、多媒体为学生营造良好的自主学习氛围，激发学生的求知欲望，增强教学效果。具体而言，教师可以根据网络、多媒体的多种功能为学生提供各种获取英语信息和练习实践的机会，为学生提供全方位的学习途径，以满足不同学生的不同学习需求。教师还可以向学生介绍一些优秀的学习网站，帮助学生提高自主学习能力。

（五）自主学习兴趣的激发

兴趣是学习的内在推动力，设计能够激发学生兴趣的学习活动，对于培养学生的自主学习能力十分有利。在传统的英语教学中，学生是被动的接受者，学生的兴趣常常被忽视，而在自主学习中，学生是学习活动的主体，是知识的主动构造者，学生的学习兴趣受到重视。为了更好地激发学生自主学习的兴趣，教师需要做到以下几点。

第一，进行需求分析。教师先要对学生进行需求分析，然后根据不同学生的需求帮助他们确定学习目标并制订学习计划，为了更好地适应学生的学习计划，教师还应该根据需要对自己的教学进行调整和改进。

第二，尊重学生的个性差异。由于学生的个体差异性使得他们在学习水平、学习风格、学习方法等方面存在差异，教师要承认并尊重学生的这些差异，让学生自主选择学习内容，培养学生的自主学习能力。

第三，仔细观察学生的反应。在自主学习过程中，教师要仔细观察学生学习目标的建立情况、自主学习的适应性及其在语言方面的进展情况等，了解学生一系列的反应，并根据学生的反应情况及时调整教学计划或为其提供帮助，及时解决问题。

（六）自主学习技能的训练

学生进行自主学习是需要一定的技能的，所以教师在英语教学过程中要注意对学生自主学习技能的训练，要多与学生沟通，了解学生的需求，根据学生各自的特点为学生制定切实可行的学习目标，帮助学生掌握自主学习的技能。

在学生的自主学习过程中，教师的主要职责是指导和训练学生对学习策略的掌握和运用。例如，教师可以向学生介绍一些基本的阅读技巧，为学生推荐适当的阅读材料，指导学生坚持写读书笔记，通过这样的方式训练学生在阅读方面的自主学习技能。

（七）多样化评价体系的建立

对学生的自主学习进行评价，学生会发现自己学习中的一些问题，从而对自己的学习进行调整。在信息化时代下，自主学习的评价应该多元化。首先，评价方法要做到多元化，评价时可利用档案袋、网络平台以及教师或同伴交流等方法。其次，教学类型要做到多元化，自主学习的评价可采用自我评价、同伴评价以及外部评价。

第二节　高中英语任务型教学法的运用

一、高中英语阅读教学中任务型教学法的运用

当前我国对高中英语课程教学提出了新要求，高中生阅读能力也划分成了三个层次：第一，学生能读懂一般性的英语文章，阅读速度为 70 个单词/min，难度略低的阅读材料则是速度为 100 个单词/min，这是最低要求；第二，能掌握英语报刊的阅读，快速掌握文章的中心意思，达到中等水平；第三，能灵活应用各种阅读技巧，并将阅读应用到实际工作及生活中，这是高等层次。不同层次对学生阅读能力要求不同，实际高中英语阅读教学中，应让学生具有愉悦的体验，在实践空间中养成语言交际能力，改变学生的被动状态。所以，在日常学习与训练中，教师应有意识地培养学生的阅读策略，任务型教学模式的应用，能够很好地帮助学生达到这个要求。

任务型教学的任务应具有真实性，要与实际生活或工作相关；趣味性则是要激发学生的学习兴趣；拓展性则是要将学生语言应用与社会需求连接。高中英语阅读课堂，要针对阅读过程的特点，将阅读打造成学生用自身语言知识以及认知能力进行文本构建的过程，改变以往自下而上的阅读模式，以学生自主探究阅读以及单词讲授为重点，在任务的引导下进入阅读材料理解中，给予学生更多的思考空间。故而，高中英语阅读教学中应用任务型教学法，要实现学生学习方式、学习地位以及学习状态的改变，基于阅读任务促进学生自我思考，加深对阅读材料的理解。

（一）高中英语阅读教学中任务型教学法的设计原则

对高中英语阅读教学而言，任务型教学方法的应用，任务内容、知识点的安排等，决定着任务质量的高低。实际任务型教学中，要求任务设计的类型以及难易程度、顺序排列等应符合学生认知规律以及语言规律，循序渐进以便于学生完成任务，并在具体实施过程中有的放矢，实现任务前期、中期以及后期三个环节环环相扣，切实提升任务型教学方法的教学质量。

第一，任务设计要保证真实性。真实性是对任务实际意义的体现，高中英语阅读教学

中的这些任务，最好是学生能够在日常生活与社会活动中接触或者亲身经历的事情。例如，周末娱乐活动、逛街以及工作面试等。阅读内容要依据不同类型的任务有所调整。一方面，是为了更加贴合实际；另一方面，则是让学生联系生活实际经历，将其带到阅读中，实现生活化任务阅读教学。

第二，要保证任务设计的适宜性。适宜性则是要求难度以及顺序安排合理，一方面，任务型教学的任务不能过于简单；另一方面，任务也不能过于复杂，要略高于学生现有水平，但不能让学生失去学习兴趣。所以，适宜性也是任务设计的一大难点。通常情况下在任务设计中，适宜性要从学生兴趣以及学习水平调查入手，针对小组以及单人等多种任务形式，适当地调整任务难度，保证任务能激起学生学习兴趣的同时，又不会失去教学本色。例如，以商场退货为任务情境时，阅读则是要从听、说、读三个方面入手，既要阅读相关文章，又要在实际交流任务中实现语言输出，由此提升学生的英语技能，实现现学现用。

第三，任务设计应具有交流互动性。阅读不能局限于单人自身阅读浏览，要促进学生之间交流阅读心得，分享阅读看法等，共同针对阅读难点攻克。这样，任务型教学才能调动学生的积极性，达到教学目的。此外，实际教学过程中，教师设计完任务以后，还需要进行修正，基于学生水平的变化，应定期进行任务教学的方向修正，不局限于课堂阅读教学，还要将教学任务扩展到课外活动中，切实发挥任务的作用与价值。

（二）高中英语阅读教学中任务型教学法的运用阶段

任务型教学方法是以任务为衔接点，其在高中英语阅读课堂中的应用，应规划好各个阶段的阅读任务，用任务引起学生阅读的好奇心以及明确自身的阅读目的，激发学生课堂学习参与性。任务型教学比对以往阅读教学的优势，在于能激发学生已有的知识，促使学生转变自身的身份，参与到课堂师生互动与活动组织中，便于教师将任务应用到教学中，掌控全局。高中英语阅读课堂上，学生的阅读任务有三个阶段：前期、中期以及后期，不同阶段的学习任务对教学的影响不同。

1. 前期任务

在英语课堂中实施任务型教学法，旨在让学生主动学习获取完成任务所需的语言知识。英语阅读课堂的前期任务阶段，学生需要在教师的指引下明确任务内容以及所需的能力，借助学习网站的知识查阅、相互交流等多种方法，深化对阅读材料背景以及语言知识的理解。

实际教学中，首先，教师可以让学生先自我谈论，小组内学生的相互交流能加深对阅读文章的理解；其次，让学生查阅词汇表或者浏览课后注释，初步认识文中的生词及其含义与用法等；最后，通过文章的阅读与听录音，感受文章的语境，各自总结与归纳文中信息。

整个前期任务完成后，学生能对文章主要信息有所理解，也能解决生词等问题。前期任务的实施，能利用学生现有的逻辑思维能力，基于自身的观点与认识，完成这个环节的学习，有效地锻炼学生的思维以及归纳能力，为学生积极参与到课堂学习奠定了基础。

2. 中期任务

英语阅读教学的中期任务是课堂阅读教学活动的实施阶段，在这个过程中学生能完成课堂基本的教学目标。因此，在中期任务中教师应先明确这个环节以及课堂教学的目的，将学生主动参与、文本内容与真实环境联系、任务情境创建作为教学核心任务，为学生构建优良的学习情境。然后，逐步展开视频导读、详细阅读、语言应用这三个步骤。

以"美国文化的五大象征"为例，视频导读主要是选取文中五大象征的内容，借助图画与视频等让学生认识文章内容，详细阅读则是在学生结合视频与文章信息的前提下让学生构建真实的环境，明白文章的文化背景以及历史意义。语言应用，是要让学生应用生字词以及语言知识、文化意象等进行实践训练，在实际课堂互动及阅读中，提升学生的英语应用能力。实际教学可采用分组分角色的方式，每组学生将自己选择一种文化象征，组内分布不同文化象征的内涵，教师也要多采用一些趣味性强或者操作性强的任务，加深学生对文章语言的认识，明确不同文化对美国发展的影响。中期任务为学生创新与实践、阅读与训练等提供了机会，学生能从自身观点入手，去理解文章内容，并在实践环节中明确知识的应用方向。

3. 后期任务

集中在任务评价与反馈中，这是阅读任务的总结阶段。教师先要引导学生回顾整个课堂的学习历程，促使学生进行自我反思，将学习想法和问题反馈给教师，通过反馈不断地在阅读中汲取经验。学生应从任务实际实施情况和任务实施要求入手，依据任务掌握与处理情况，将所遇到的难题与关键点进行反馈，便于得到教师的个性化指导，逐步改进自身的阅读方式以及学习方法。教师应在这个环节突出学生的个体差异，针对表现好的学生给予肯定与激励，从而引起组间学生的良性竞争。

总而言之，高中英语阅读课堂教学中，教师应针对课堂教学的不同阶段设计好前期、中期以及后期任务，基于不同的任务运用不同的教学手段，以激发学生的课堂学习兴趣，引导学生在实践中掌握不同的阅读策略，促进学生阅读水平的提升。

二、高中英语写作教学中任务型教学法的应用

现代教学正在向以学生为中心的教学方法转变，致力于使学生朝着主动学习、自主学

习和个性化学习的方向发展。如何帮助学生提高英语综合能力，成为拥有自主创新意识的优秀高中生是高中英语教学的重要任务。

英语写作是高中英语学习中的重要环节，能够帮助学生充分消化和巩固学习内容，能培养学生的信息输出和表达能力。在传统的教学模式下，教师往往会先讲解一篇范文，对文章中的各种语法和词汇分别进行详细解释，然后再让学生根据这些内容写出文章，最后对学生作文进行评分。在此模式下，学生仅仅会在意语法使用的精确性，而忽视了创作过程和整个写作的结构，写出来的文章往往过于生硬。升级版的过程教学法尽管强调了学生之间的相互讨论与沟通，但还是没有注重写作能力的多样性和写作策略。因此，任务型教学法弥补了上述不足，其是语言学家在语言学习理论的基础上提出来的，它强调学习的社会性以及同伴对个人学习的影响，把学习理论转变成实践，完善了课堂教学方法。任务型教学法强调让学生从被动学习转变为主动学习，让学生成为课堂的主人，体现了以学生为中心的现代教学思想。任务型教学法的基本特征是以"任务"为核心来组织教学。

（一）高中英语写作教学中运用任务型教学法的目标

教师要让学生进行情景写作，让学生利用写作去解决实际场景中的问题。任务型教学活动的成功实施，能锻炼学生的语言技能、丰富学生的语言知识，以此让学生形成一种新的思维方式。任务型教学法能丰富学生的课堂交流与合作活动，使学生获得更加真实的写作学习体验。教师在实施任务型教学法时，要明确任务，让学生明白自己要做哪些任务以及在完成任务后会得到哪些知识或体验；同时教师还要注意针对学生的英语语言水平、思维能力和实践能力进行教学设计。

（二）高中英语写作教学中任务型教学法的主要观点

任务型教学法是指在课堂教学中学生和教师共同完成任务，从而促进学生的英语学习。任务型教学法采用生动的方法，既能引导学生在完成写作任务时运用自己的交际能力，还能够指引学生快速找到通往目标的方法和道路。在任务型教学法中，学生注重探索知识体系，尤其是探索怎样运用这些知识。这种教学法在学生已经拥有的母语交际能力和想达到的目标语言交际能力之间架起了一座桥，能够为学生提供合作学习的机会，还能够充分调动学生的实践学习思路和创造思维能力。

任务型教学法中的"任务"有多种定义，通常指一项有特定目标的工作或活动。教师把写作方法转化为"任务"，可以推动语言的有意义使用。教学中最重要的是通过解决问题使学生习得语言。教师在实施任务型教学法时，应注重选择合适的任务形式而非所有形式，要让其区别于传统的教学方法。教师在构建任务型教学法中的"任务"时要考虑任务难度和任务参与者的特征以及要达到不同任务所需的条件。

同等条件下，如果参加任务的学生拥有更多有效的信息，那么任务执行和知识获得就比较简单；如果任务中的信息有趣且有意义，学生之间就会出现自然的沟通和合作。值得注意的是，太容易的任务会让学生产生厌倦心理，对学生学习反而不利。因此，教师在设计任务时，应该遵循从简单到复杂、从熟悉到不熟悉的原则，而且还要充分考虑参与者之间的熟悉程度以及任务目的等，这样才能够让学生的语言学习得到发展，从而达到最终的教学目标。

当前，对于学生书面表达能力的要求非常严谨，所以加强高中生英语写作能力是所有教师不得不面临的挑战。传统的写作教学方法会有一些不足，而任务型教学法在经过实践后被证明的确能够促进学生的写作水平。

（三）高中英语写作教学中任务型教学法的应用方法

任务型教学法能够体现结果教学法和过程教学法的优点，强调"做中学"。任务型教学法拥有明确的教学目标，有助于师生角色的相互转变和学习目标的灵活转换，其载体十分多样。高中英语写作课堂可以运用多种策略来贯彻任务型教学法，具体应用方法如下。

1. 多样化的任务话题选择

在当前的日常教学中，高中英语教材中的写作话题比较古板、单一，科技发展、环境问题、英语交流等话题在教材中重复出现，无法给学生带来新鲜感。这就需要教材编写者与教师对社会事件以及学生的日常生活多加关注，以找到有趣而新颖的话题，如热搜、微博、朋友圈等都是发现新话题的渠道。

2. 创新化的任务完成方式

传统的写作教学模式中，作文通常是由学生独立完成的，在任务型教学法中学生以搭档模式或者小组模式合作写作。教师应该注重任务完成方式的创造性，以吸引学生的兴趣，提高其写作热情。写作最终结果的展现也要多元化。在传统的教学方法中教师是唯一的裁判，学生写作质量的好坏都由教师决定。这种方式在高中教学环境中就行不通，所以教师完全可以使用其他方式，如让学生与学生之间相互讨论、评价。这种办法可以减轻教师的负担，提高评判的效率，还能够让学生在讨论过程中巩固写作技巧。

3. 多样化的英语写作任务

写作的体裁要多样化，可以是记叙文、议论文，也可以是应用文。具体的实施方案为：①教师向学生展示写作话题和写作任务。熟悉的写作话题能够引起学生的兴趣和热烈讨论。教师可以先让学生进行讨论，列举一些与话题相关的单词、短语、术语以及句型等，然后再向学生介绍接下来的任务中可能会使用的一些语言材料，激活学生的语言储备。②教师要求学生依据自己的想法，在规定的时间内写好初稿，让学生尽情发挥，学生能把自己的总体思想表达出来就可以，不需要深究语言形式和语法的精准性。教师要在教室里巡视，留意学生的状况，及时帮助有困难、有疑问的学生，同时掌握学生完成任务的情况和时间。在学生完成任务后，教师可以把学生分组，让他们相互交流讨论，自行批阅初稿，修改语言错误。③每个小组随机抽取一份修改过的作文交给教师，教师再找出其中有代表性的问题进行讲解，并给学生补充必要的语言材料。这个阶段的教学内容应该着重放在之前忽略的语言形式和语法准确性上。教师通过精准讲解帮助学生及时纠正问题，并让学生在任务结束后自行对自己的作文进行二次修改。整个教学过程都是以任务为主线让学生在"学中做，做中学"。

总而言之，要想在写作教学中提高学生的积极性，一定要让学生参与交流活动。教学实践已经证明任务型写作教学法的效果显著，能够激发学生写作的积极性，锻炼他们的实践分析能力，促进他们的自主创造欲望。需要注意的是，教师在设计任务时，要以学生的日常生活和兴趣为出发点，任务的内容和展现方式要贴近学生的生活实际。在完成任务的过程中，教师对学生们出现的语法错误要宽容纠正，不要打击学生的学习热情。任务型教学法能够激发学生的写作兴趣，还能够提高课堂写作效率，有助于学生在英语写作能力上取得进步。

第三节　高中英语交际教学法的运用

高中英语教学大多是采用语法—翻译教学法，教师主导课堂，学生处于被动地位，主要以传授知识为主，注重词汇和语法条目的讲授，课堂教学中交际活动很少，加上英语等级考试的影响，英语教学也侧重等级考试辅导，学生运用英语进行交际的能力较弱。为了提高学生的英语交际能力，交际教学法越来越受到高中英语教师的关注和青睐。当前的教学改革中大多采用交际教学法，强调教学要以学生为中心，加强对学生的主体意识和积极性的培养，教师在课上引导学生进行语言交际实践，使学生在实践中学习语言、获取知识，并具备一定的交际能力。

交际教学法的核心思想是：语言教学的目的是培养学生使用目的语进行交际的能力，语言教学的内容不仅要包括语言结构，而且要包括表达各种意念和功能的常用语句。交际教学法认为，人对语言有两种能力：一是语言能力，也就是人具有说出语音语调和遣词造句的话语功能；二是交际能力，即根据交际的目的、对象、内容、语境、身份等讲出恰当的符合语境的话语的能力。具备了语言能力，不一定具备交际能力，语言能力是交际能力的一个重要组成部分。

一、高中英语交际教学法的优点

交际教学法的应用相对于传统的语法—翻译教学法有着比较显著的优势。交际教学法以培养学生运用语言进行交际为目的，奉行英语是一种交际工具，以学生为中心，以学生的语言实践为主线，引导学生积极参与到教师创设的语境中来，在交际中提高学生的英语应用能力。交际教学法在英语教学中应用的优点主要表现如下。

第一，有利于激发学生的学习兴趣、主动性和互动性。由于交际教学法的应用是让学生在与人交际的过程中学习英语，这样，更能激发他们积极的学习兴趣和主动参与的意识，从而主动、积极地学习并体会到成功的乐趣。

第二，注重学以致用，培养语言的运用能力。语言学习的过程，不仅是知识的积累，更是素质和技能的提高。语言教学的目的是培养和发展运用语言与他人交际的能力。交际教学法的应用强调以语言交际为教学原则，倡导让学生在与人交际的过程中学习英语，这有助于真正培养其语言的运用能力。

第三，转变传统语言教学中的学生角色和单一教学行为和方式。由于交际法的应用强调语言教学要为学生的交际需要服务，所以，学生由原来的"配角"变为"主角"，处于更为积极、主动的地位。同时，交际法以语言功能、意念交际活动为内容，教学过程变为双方或多方交际过程，而交际活动不仅重视语言，更重视非语言表达手段的应用，如动作、体态和表情等。所以，交际教学法的应用适应了现代语言教学中多样化的教学手段的实施和运用。由此，交际教学法一诞生，就展示出其他教学法无可比拟的优点。

二、高中英语交际教学法的不足

在交际教学法的应用过程中，也面临着一些理论与实践的困境和问题，具体如下。

第一，语法教学的忽视。用母语教授英语，以翻译和机械练习为基本手段，以学习语法为入门途径，注重语法规则的讲解和操练的语法—翻译教学法曾在传统英语教学法中起主导地位和作用。交际教学法的应用强调对英语交际能力的培养，鼓励学生在情境中积极操练，淡化语法的教授，打破了语法知识的系统性。但事实上，词汇和语法是语言交际的基础和框架，没有语法，语言就没有逻辑性和根本，也就不可能达到交际的正常效果。而且，交际的目的也是获取知识。所以，交际教学法中依然不可忽视语法教学。

第二，语言环境的缺乏。交际教学法的出发点和归宿是培养学生的英语交际能力，而交际能力的培养和发展需要历经无数的交际过程，也就是需要进行交际的英语环境。然而，对我们中国学生而言，英语的"非母语"限制了用英语交际的自然环境，仅靠有限的英语课堂教学时间和难得的某些情境（如英语角、各种竞赛）使得交际教学法的实施效果大打折扣。

第三，英语教学评价体系存在缺陷。评价体系是教学的衡量器，又是导航器。在当前，无论是终结性评价还是形成性评价，考试都是评价教学的重要手段。交际教学法应用强调英语语言学习重在培养和提高学生的实际运用能力，但是现行的考试制度又迫使教师和学生以考试为中心，围着考试转，而把以交际能力为目的的教学方式和学习方式晾在一边。尽管现在的高中英语应用能力考试制度进行了改革，但离交际教学法的需求还有一定距离。

三、高中英语交际教学法的完善

（一）变主体为主导

英语教师的角色应该是控制者、评估者、组织者、提示者、参与者和资源。在实施交际教学法时，教师一定要积极转变自身在课堂上的角色，由主体变主导。由课堂上从头至尾的讲授转变为组织学生进行各种交际活动，控制课堂教学进度，对内向胆怯的学生予以积极鼓励、提示，使其积极加入课堂活动中，同时巧妙地避免少数学生主宰课堂交际活动的现象并保证不挫伤这部分学生的积极性。

（二）结构性知识与功能性知识并重

交际教学法在弥补结构教学法对语言运用的忽视的同时，又淡化英语语言的结构性知识，即过于注重意义而忽视了语言的形式和结构。而实际上语言形式和语言意义是同等重要的，二者不可偏废，因为语言意义是教学的最终目的，语言形式是达到这一目的的必要手段，偏于哪一方最终都不能实现对英语语言的学习和使用。因此，需要同步重视语言习得的结构性知识和功能性知识。

（三）设计交际活动

交际教学法的核心是交际活动，通过双方、多方交流来学习语言。因此，教师应结合学生实际，如英语基础、个性特点、教学条件等，精心设计切实可行的课内外交际活动，主要包括三个方面：①课堂场景设计。教师要提供给学生真实、丰富、多样化的情境，如实际生活情境、想象情境等，使学生在语言情境中感受英语，而不是仅仅进行简单的句型操练。②交际范围的多样化，如单人、双人、小组等不同范围内实施英语交际和交际所用语料的多样化。③充分利用第二课堂的作用。良好的英语课外学习环境、课外活动环境和其他学科的英语应用环境是课内交际语言教学的有益补充。

（四）培养交际能力

任何语言都不能脱离一定的社会文化而独立存在。在社会生活中，如果仅仅凭具备语言能力，而不了解文化差异，不具备语用能力，依然是不能顺利、完全地进行交际活动。因此，教师必须重视语言教学中的文化教学，理解跨文化交际能力的价值，在语言教学的同时进行文化教学，在交际型教学法的实践中适时进行不同文化的分析比较，避免以本国文化的思维定式去套用目标语。唯有如此，英语学习者才能培养和发展符合英美国家社会文化、规范和习俗的交际能力。

（五）由被动变主动

在传统教学模式中，教师是"教"的主体，学生是"学"的主体。学生要变被动接受知识为主动学习。在交际教学法中，学生的主体地位应该体现出来。具体表现为，在课堂上学生有更多的表达、交流的机会。学生在课堂上任何关于学习的需求都应尽可能得到满足。另外，学生还应成为"信息反馈者"。例如，学生应就课堂教学环节的设计是否合理、活动的组织是否可行等向教师进行反馈，以便教师完善教学活动，提高学生参与活动的积极性，提高交际教学法的效用。

培养学生运用语言进行交际的能力是我们的教学目标。交际教学法这一教学理论，有着其自身的利与弊。在高中英语教学的过程中，扬长避短，通过多种优化手段充分发挥其优势。交际教学法使学生获得更多表达、交流的机会，使学生在教师精心创设的场景中主动学习，逐渐提高运用英语进行交际的能力。

第六章 高中英语教学的创新探索

第一节 高中英语微课教学的创新探索

随着信息化时代的到来，网络通信技术发展日新月异，各种微平台也在不断发展。高中英语教学也应该结合微课模式，推动自身发展。

一、高中英语微课教学创新的可行性

（一）教育信息化的发展

随着网络信息技术在教育领域中的广泛应用，教育信息化应运而生。微课是教育信息化发展的结果，它作为一种新的教育教学理念，在教育教学中起着不可替代的作用。随着网络信息技术的迅速发展，世界各国之间的交流与互动日益频繁。世界各地的人们打破了时间和空间的限制，可以随时随地进行交流和互动。网络信息技术在教育领域中的广泛渗透，改变了传统的教学模式，教师教学和学生学习都可以不受时间和空间的限制，学生与教师之间的交流与互动可以在线下进行，也可以通过网络信息技术在线上进行。移动化、碎片化的学习模式应运而生，这种学习模式在很大程度上促进了学生的学习。移动化强调的是打破时间和空间的限制，可以任意时间、任意地点进行学习；碎片化主要强调的是容量比较小，学习起来比较方便。这种学习方式是教育信息化发展的产物，有利于学生根据自己的学习情况自主建构知识。微课具有短小精悍、目标单一、主题明确的特点。这些特点与当前提倡的移动化、碎片化学习的要求不谋而合。微课不仅容量小，所占的内存也比较少，而且能够以多种设备为载体，有利于学生随时下载、随时存储、随时学习。

（二）现代信息技术的应用

信息技术已经广泛应用于各个领域，在此背景下，无线移动网络的覆盖率也在不断增加。无线移动网络能够为学生的学习提供便利。近年来，随着移动手机的不断更新和换代，学生利用移动手机进行学习成为一种必然。

另外，在信息技术、网络平台、大数据、云计算、应用软件等应用技术的推动下，移动终端实现了快速联网，同时它在教学中的应用也越来越普遍。我国很多高中也意识到信息技术在教学中的重要性，并将信息技术应用于教育教学中。同时，高中在利用信息技术辅助教学的同时，也开始重视信息技术与课程整合及信息技术与学科整合，这是教育信息化发展的必然。在当今时代，现代教育已经意识到信息化教学和人才培养模式的重要性，并利用信息化教学促进人才培养模式的改革，从而为社会输送高质量的人才。要想实现信息化教学，就应该重视信息技术与课程整合。微课是教育信息化发展的必然趋势，将微课应用于高中英语教学中，必能促进高中英语教学的发展。众所周知，微视频是微课教学的重要载体，微课教学的实施和发展离不开现代信息技术的发展。因此，高中必须为英语微课教学提供必备的现代信息技术支持。现在高中网络教学设备日益完善，网络信息化体系也日益健全，这些都为高中英语微课教学的顺利实施和开展奠定了基础。

除此之外，还需要指出的是，当前学生利用手机等移动设备进行自主学习的现象越来越普遍。因此，在教学中，教师可以鼓励和引导学生通过移动设备来观看微课视频，这样有利于促进高中英语微课教学的实施。

（三）学生英语自学能力的提高

微课要想在高中英语教学中顺利实施，还需要学生具有较高的自学能力。实践证明，我国绝大多数高中生都具有较高的自学能力，这为微课在高中英语教学中的顺利开展奠定了基础。学生可以根据自身的学习情况和学习需要，通过微课来自主学习，获取知识。可见，学生的自学能够在很大程度上促进微课教学的发展，而微课教学的发展与应用也能够在很大程度上提高学生的自学能力，两者之间是相互作用、相辅相成的。

二、高中英语微课教学的创新原则

（一）微而全

在微课教学中，微视频无疑占据着核心地位，但这并不意味着学生通过观看微视频就能收获学习成果，其他微课教学素材也扮演着不可或缺的角色，如微教案、微练习、微反馈等，这种"微而全"的微课教学才最有利于学生掌握学科知识与技能。

所谓"课"，其本义就是一个教学过程的单位，"课"的开展表现出时间限制性与组织性，一般而言，"课"所实现的教学目的仅仅是总体教学目标的一部分，但这个教学目的对其本身而言又是完整的。微课作为"课"的形式之一，首先要体现"课"的基本特征，而后再彰显自身"微"的特色，即言简意赅、重点突出。

值得一提的是，虽然微视频是微课教学最为重要的组成部分，但不能简单地将二者等同起来。综观当前各种微课教学比赛，参赛作品直接被规定为教学微视频，那些在比赛中取得优异成绩的参赛者，大都是因为教学微视频的质量较高。不可否认，高质量的教学微视频是微课教学开展的基础，但由于教学的动态性特征，仅仅有高质量的教学微视频是不够的，其无法全面满足教学活动的要求。

微课模式之所以在英语专业实践课教学中推广开来，主要是因为，与传统的教学模式相比，其不但将静态的课本教材以一种动态的形式呈现出来，而且从学生注意力集中的时间出发，将冗长的教学过程浓缩为简短的教学微视频。所以，微课教学能够提高教学效率，改善教学成果。在应用微课开展英语专业实践课教学时，应当注意教学微视频配套资源的全面性，通过微练习、微反馈等帮助学生在观看教学视频后自主检测学习效果，并及时将学习情况向教师反馈。所以，作为教师，必须把微课设计得"微而全"。从这个角度来看，微课设计与传统课程设计存在相似性，即都需要从撰写教案开始，然后确定教学的目标、计划、重难点，而后开展教学实践，最后进行教学反馈。二者都体现了教学系统的完整性，只不过微课模式将教学的重要内容以微视频的形式呈现出来。

（二）适用性

在开展微课教学时，教师首先要进行选题，针对恰当的内容设计微课，这样才能保证微课教学的效果。对英语专业实践课教学而言，并非所有的内容都适合用微课模式讲授，教师要根据具体的教学内容，在分析重难点的基础上，确定是否实施微课模式。根据认知负荷理论，人脑有效的认知负荷仅能保持 10 分钟左右，而传统的课堂教学时间较长，学生并不能有效掌握全部的教学内容，因此，需要通过一定的方式把一堂课的总体学习目标具体化，从而增强学生的自信心，提高学生对知识的掌握程度。所以，教师在设计教学微视频时，要把时间控制在 10~15 分钟，让学生在相对舒适的状态下学习知识。至于那些包含复杂概念的教学内容，显然无法通过 10~15 分钟的时间展现出来，因此也就不适合以微课的模式进行授课。例如，语法知识是英语教学的一部分，浅层的语法知识可以开展微课教学，而那些深层的语法知识，学生在理解时需要调动先前掌握的知识，并在教师的详细讲解下借助立体化的思维方式才能掌握，如动词的各种用法，这就涉及动词变位、被动语态、形容词词尾等一系列的知识点，教师需要依据学生现有的学习水平、能力、接受程度等制订教学计划，并根据课堂教学的实际情况随时调整教学进度。微课属于一种相对程式化的教学模式，如果将复杂的语法知识生硬地设计成微课视频，很有可能对教学效果产生负面影响。

基于此，在将微课模式应用于英语课教学中时，应当选择适宜的教学内容，尤其是那些在传统教学模式下收效甚微的教学内容，可以尝试制作相应的教学微视频，以微课的模式将其攻克。微课是对传统教学模式的优化，在充分肯定传统教学模式优势的基础上，要积极应用微课弥补传统教学模式的不足之处，增强选题的适用性，选择恰当的教学内容，让微课成为传统教学模式的最好补充。

（三）趣味性

兴趣是最好的老师，学生在兴趣的指引下才能更高效地学习。在微课教学中，教师要想方设法地激发学生的学习兴趣，通过生动形象的教学微视频吸引学生的注意力，让学生在精力高度集中的状态下习得英语知识。

基于微课教学模式，学生学习知识的主要来源就是教学微视频，这就要求教师花费充足的时间与精力进行微视频的制作，尤其是视频画面，一定要做到品质精良，演示效果丰富，这样才能在短短的 10 分钟左右完全激发出学生的学习兴趣，让学生保持充足的学习热情。为了达到这样的目的，教师必须从自身出发，提高信息素养，做到游刃有余地运用各种微课教学所必需的信息技术。

微课的应用为高中英语课教学注入了新的活力，使原本枯燥的教学内容以微视频的形式呈现在学生面前，学生在趣味性的环境中学习英语知识与实践技能，长此以往，英语专业素养也得到了提高。

（四）互补性

当前，我国英语教学的主要形式仍然是课堂教学，这是由我国的国情及学生的学习特点决定的。微课作为一种新的教学模式，其对英语教学起到了辅助作用，但是也存在某些弊端，例如，学生在观看教学微视频时遇到不懂的问题，由于视频播放的程式化，其无法随时向教师提问，而这在传统教学课堂中是可以实现的。等到观看完全部的教学微视频，学生当时想问的问题可能已经记不清楚，这无疑影响了学习效果。这说明，微课教学模式与传统教学模式各有所长，二者不能孤立存在，而是要互相补充，从而促使学生的学习效果朝着积极的方向发展。

所以，教师可以把教学微视频当作学生课前自主学习的资源，让学生提前了解本堂课的教学内容，并整理出自己不理解的知识点。在课堂教学中，学生就自己存在的问题与教师交流，向教师请教，原本课堂教授知识的时间转化为教师为学生答疑解惑的时间。微课与传统教学模式互为补充，相互结合，英语专业实践课的教学不仅令教师满意，更让学生收获满满。

（五）发展性

微课模式在高中英语专业实践课教学中的应用要想走向成熟，就必须不断发展，除了英语教师的精心设计以及学生的密切配合之外，学校作为英语教学的主阵地，也要大力支持微课模式，尤其是硬件方面。为此，学校要加强对现代信息技术的引入，依托各种信息化设备为英语专业实践课教学创建多元化的多媒体教室，从而保证微课教学的顺利开展。同时，学校还要从根本上对微课模式予以肯定，由于这种新型教学组织形式与传统教学组织形式存在较大区别，所以更要鼓励英语教师勇敢尝试，鼓励学生积极参与。

总而言之，微课在英语课教学中的应用并不是一个简单的过程。微课设计要做到微而全，微课内容的选择要做到真正适合学生，微课教学环境要充满趣味性，微课模式要与传统教学模式互补，同时，还要时刻关注微课在英语课教学中的发展，让学生切实体会到这种模式创造出的可观的学习成果。

三、高中英语微课教学的创新要求

（一）对学校方面的要求

伴随着信息技术在教育领域的不断渗透，微课作为一种新兴的教学模式在各大高中推广开来。就当前取得的教学成果看，微课模式有着十分广阔的发展前景。过去，微课在高中教学中的应用表现出零散化的特点，即只有少数教师在开展某些课程时应用这一模式，如今，越来越多的教师开始将微课与自己的学科教学结合起来，微课教学模式也逐渐变得规模化、集成化与具体化。为了进一步推动微课在英语课教学中的应用，学校要承担起相应的责任。首先，保证微课教学有施展的场所，也就是建设更为完善的多媒体教室，配备更为丰富的多媒体设备。其次，由于视频是微课教学的主要资源，教师需要将制作好的教学微视频上传至教学平台，学生登录账号在平台上观看，这个过程离不开网络的支持。因此，学校要着力建设校园网络，让学生不论是身处图书馆还是自习室，都能随时观看教学微视频，学习其中的内容。微课教学模式中，教学微视频的制作往往要耗费教师大量的时间与精力，如果教师将制作好的教学微视频上传至共享平台，此后其他教师讲授到相同内容时就可以借用这些视频资源，这不仅有利于减轻教师的教学压力，还能够促进教师团体之间的沟通与交流。

（二）对教师方面的要求

微课应用于英语课教学，关键在于教学微视频，高质量的教学微视频才能促进学科教学的发展。因此，英语教师必须提高对自己的要求，从而制作出精良的教学微视频。

第一，英语教师乐于在教学中应用微课这是十分值得肯定的，与此同时也要意识到，长期以来，我国的高中英语教学都是在传统课堂中进行的，微课模式绝不可能取代传统的课堂教学，二者必须结合起来，各自发挥优势，共同致力于英语课教学的发展。

第二，微课教学模式是在教育信息化的背景下产生的，教师能否熟练应用相关信息技术成为微课教学的重要影响因素，所以，英语教师必须不断学习，从而提高现代信息技术的应用水平。为了弥补传统教学模式趣味性的缺失，教师要制作出有趣的教学微视频——不仅画面生动，而且配音字幕使用得当，这就要求教师具备制作教学演示文稿（PPT）、使用录屏软件以及配备声音与字幕的能力。其中，声音的配备要求英语教师对教学内容一一朗读，因为在英语课教学中，英语发音格外重要。学生在观看教学微视频时，大脑能够接收到良好的语言刺激，在此基础上进行跟读，才能形成正确的发音，养成良好的语言习惯。

（三）学生方面的要求

不论是传统教学模式还是微课教学模式，教学服务的对象都是学生，教学所要达成的目标也都是提高学生的学习效果，所以，任何一种教学模式都要注重学生的作用，为学生创造良好的教学环境，调动学生的学习积极性，这也是微课教学的应有之义。在基于微课的英语专业实践课教学中，学生更乐于在课前和课后观看教学微视频，这两个阶段的学习都没有教师的参与，因此，需要学生发挥主观能动性，开展自主学习。

在课前预习环节中，面对未曾学过的知识点，学生要表现出精力高度集中的学习状态，有目的地观看教学微视频。视频观看完毕后，回想自己学到了哪些知识，存在哪些不懂的问题，这些问题哪些需要与同学探讨，哪些需要向教师请教。另外，为了检测自主学习成果，学生需要完成教师设置的配套练习，这样才能明确自己的学习情况。在课后复习环节中，学生借助教学微视频查漏补缺，对于自己的薄弱之处多次观看教师的讲解，从而全面掌握课堂教学内容。除此之外，微课也可以在课堂教学环节应用，只不过大多数学生认为，课堂要以聆听教师的讲授为主。

在课堂中播放教学微视频能够调动学生参与教学活动的积极性，有利于提高学习效率。英语教学的实践性本身就很强，英语专业实践课教学更是如此，实践课开展的目的就是促使学生在扎实掌握语言知识理论的基础上，形成语言实际运用的能力。在微课教学视频的辅助下，学生可以跟读，并反复练习相关句型，正所谓熟能生巧，大量的练习必然能够帮助学生获得许多英语实践运用的技巧。总而言之，学生必须成为自律的人，用良好的自主学习习惯收获更多的英语学习成果，也让微课教学体现出其存在的价值。

四、高中英语微课教学创新的策略实施

（一）英语微课教学在词汇中的实施

既然将微课运用到高中英语词汇教学中，对学生、教师及课堂教学都有着十分重要的意义，那么在实际的高中英语词汇教学中，教师就需要提升对微课教学的深层次认识，将微课合理应用到词汇教学中，给学生提供最好的英语学习环境。

第一，以精简的词汇教学，激发学生词汇学习的热情。微课教学模式有短小精悍的特点，而此特点正与高中生的学习特点相符合，它能够在最短的时间内吸引学生的注意力，激发学生对学习的兴趣，进行更为集中性的学习。在实际的高中英语词汇教学中，教师需要根据教与学的实情对教学内容进行有效精简，以此来激发学生英语词汇的学习热情，提高词汇学习的效果。词汇教学中运用微课教学模式之前，教师必须做好充分的准备，要精心挑选词汇教学内容，提升词汇教学的趣味性。教师在教学中采用精简性的词汇教学方式能使学生产生眼前一亮的感觉，让他们对词汇学习产生极大的热情，这能使学生在极短的时间内理解并记忆已学的词汇，构建更为完整的词汇知识体系。

第二，凸显重点，提高词汇教学效率。微课之所以成为"微"课就是因为视频较短，一般都不会超过10分钟，在精短的视频中难以将全部的内容都容纳进来。为此，教师在进行词汇教学的过程中必须对重难点的词汇进行挑选，以便凸显词汇教学的重难点，并以此为基础设计各环节的实践教学活动，提升微课词汇教学的质量。在词汇重难点的选择方面教师通常是以频率来判断的，如在学习相关内容时，通常都会有若干英语词汇出现的频率较高，这时教师就可以针对这些词汇制作短视频，有针对性地进行讲解，这样既能缩短词汇教学时间，还能让学生用掌握的词汇技巧来进行词汇学习，必能取得事半功倍的词汇教学效果。

第三，增强学生对词汇的理解。传统的讲解、记忆词汇教学模式已经过时，它已经无法满足学生的实际词汇学习需求。而微课教学模式具有较强的灵活性、趣味性及有效性特点，教师需要加强对微课教学模式的进一步创新，以便于学生更具针对性地理解所学内容，构建完整的知识体系，吸收与消化英语词汇。高中英语教材中有大量固定搭配性的词汇实践教学内容，针对这些词汇的学习，教师制作的微视频可以从简单的记忆向词汇语句翻译过渡，并适当调整课堂问答的内容，这样学生能非常顺利地掌握及灵活应用固定搭配，提高词汇学习的效果。

第四，英语教师在进行微课教学前的必要准备。教师在设计微课教学的过程中一定要注意抓住学生的学习特点，根据学生的兴趣点及英语基础对微课教学进行设计。这样才能

够引起学生的兴趣，激发学生的学习积极性，从而为微课教学打下很好的基础。另外，教师在设计微课教学时一定要从课本出发，注重以英语课本为依据。教师一定是在课本的基础上合理地进行教学，对学生进行基础教学和拔高教学。因此，教师在设计微课的过程中一定要注重教学的整体性，而不是单独教学。除此之外，教师在运用微课教学过程中一定要多利用多媒体技术，使微课与信息技术相结合，给学生带来更直观的教学感受，从而才能够提高学生的学习积极性，并提高英语词汇教学的教学质量。

第五，使用微课设立具体情景。学生英语成绩的取得需要扎实的基础，学生需要牢牢地掌握足够数量的英语词汇，因此微课可以很好地帮助学生提高这种能力。英语教师在上课之前要做好充分的准备，制作微课时要注意设计和收集一些能够与学生的生活环境贴切尤其是其比较熟悉的真实场景，并且能够调动学生的积极性，吸引他们的注意力。教师要善于利用微课将学生脑海中的意识和认知转换到现实生活中的真实场景，不断满足学生的好奇心和喜欢探索未知世界的心理。由于有了这种前所未有的体验，学生会对学习词汇产生兴趣，学生不再仅仅局限于死记硬背，而是以一种轻松愉快的方式牢牢掌握词汇，甚至还能提高学生的英语口语能力。

第六，观看微课视频，使学生积累英语词汇。英语水平的提高，除了学生日常好好听讲之外，还需要学生主动地进行课外拓展阅读。英语作为文科类学科，总是难以避免枯燥乏味这种情况，教学中只是单纯地背词汇很容易让学生感到无趣烦躁，难以继续学习。现在学生喜欢阅读的人数较少，他们更喜欢看动画片、电影之类的视频。微课视频就可以很好地解决这一问题，它能够帮助学生提升语言素养，提高写作能力。例如，学生都喜欢看电影和动画，就是因为动画片和电影是动态的，人物的设定和说话的语气都符合学生的心理，并且电影具有情节性，更加会抓住学生的兴趣。因此，教师就可以抓住学生这一心理，选择生动的电影视频作为微课视频进行播放。

总而言之，在互联网时代，在现代信息技术飞速发展的背景下，微课已经成为高中英语教学的模式之一。在微课教学中，微视频使得原本枯燥乏味的词汇学习变得生动有趣，学生可以在这样的学习环境下深化对英语词汇的理解，增强对英语词汇的记忆。同时，英语教师将各种词汇学习的技巧展示在教学微视频中，学生在了解并掌握这些技巧之后，英语词汇学习的效率自然得到极大提高。因此，在实际的高中英语词汇教学中，教师需要对这种方式进行深入性分析与研究，为学生后续英语学习之路的顺利推进奠定基础。

（二）英语微课教学在口语中的实施

在高中英语口语课堂教学中应用微课，主要包括课前、课中以及课后等不同阶段的应用内容。

1. 课前引入微课教学

课前预习阶段是微课发挥作用与价值的重要阶段。在以往的英语教学中，学生需要借助纸质材料完成课前预习任务，由于多年来英语理论学习的惯性，学生本就十分排斥口语这门课程，更不用说通过纸质材料自主完成课前预习任务。基于微课教学模式，英语教师可以事先将教学微视频发送给学生，学生跟随教学视频的节奏，完成本堂课的口语预习任务，从而为口语课堂教学的开展打下基础。

为了保证微课在高中英语口语教学中的效果，教师必须制作精良的教学微视频。在教学微视频中，应当着重突出课堂教学的主题，并把教学目标、教学重难点等内容明确展示出来，这样学生能够有的放矢地开展自主学习。同时，微课最大的特点就是短小精悍，教师一定要将视频时长控制在 10~15 分钟，从而不至于引起学生的反感。另外，微课教学视频中的英语发音要做到口齿清晰，让学生能够模仿并学习。

微课教学视频制作完成后，英语教师可以将其上传至网络教学平台，一方面，学生能够根据自己的需要随时观看教学视频，对于难以掌握的口语知识点反复多次观看，实在理解不了的内容则及时记录，以便在课堂教学中向教师寻求帮助；另一方面，其他教师也可以借鉴此教学视频，这种教学资源的共享无形之中缓解了英语教师的教学压力，让其有更多时间对学生开展针对性辅导。

2. 课中应用微课教学

高中英语口语教学的课时非常有限，将微课模式应用于口语教学中能够在一定程度上解决这个问题，因为在教学视频的辅助下，课堂教学时间得到了优化。在传统的口语教学中，教师需要在课堂上完成众多教学任务，时间紧任务重就是最真实的写照。课中应用微课教学，教师只需要将时间花在为学生讲解重难点内容上即可，其他容易理解的知识学生可以通过观看教学微视频掌握。另外，微课模式还使得英语口语教学的实践性有所增强，学生获得了更多的口语练习机会，日常交际、求职问答等均能在课堂中加以训练，学生的口语表达能力也随之更上一层楼。

3. 课后运用微课教学

高中英语口语教学质量之所以提升缓慢，原因之一就在于学生的课后巩固与复习效果不佳。过去，学生在课后复习口语知识时，既没有英语教师的指导，又缺乏有效的复习资源，微课在学生课后练习中的应用改变了这种情况，学生可以通过观看教学视频完善自己的口语知识体系，并尝试将原本"死"的知识点以"活"的方式应用到日常交际中，这在无形中优化了学生口语学习的效果。

第二节　高中英语慕课教学的创新探索

　　慕课教学是信息时代出现的一种新的教学方式，慕课是一种在线课程，它具有大规模、开放性，慕课的大规模一般体现在三个方面：一是从课程内容上来看，其非常多且杂；二是从服务对象上来看，接受服务的学习者数量非常多；三是从影响力上来看，世界上任何一个角落里的人都可以学习该课程。慕课的开放性主要包括：一是学习空间开放，不仅在校学生可以利用慕课课程学习，社会人员也可以利用慕课课程学习；二是学习资源开放，所有人都可以自行下载课程资源，且课程是免费的。课程的内涵十分丰富，不仅包括各种主题提纲、教师讲授内容视频，而且还包括学习资料、学习注意事项等。总而言之，慕课就是一种十分开放、规模较大的网络课程，将慕课与英语教学相结合，能更好地推动英语教学的发展。

一、高中英语慕课教学的创新优势

　　第一，创造英语语言使用环境。由于没有英语环境，因此学生在学习英语时经常面对理论知识无法实践应用的情况，这就对学生学习英语产生了一定的不利影响。慕课的出现就解决了这种问题，慕课可以为学生创设良好的语言环境，使学生接触正宗的英语，并且慕课还搭建了国际交流的平台，学生可以在慕课平台与世界各地的英语母语者进行交流，从而提高学生的英语表达能力。

　　第二，提供专业能力培养平台。慕课资源是教师开展慕课教学的基础，它可以将线下和线上的资源进行整合，从而发挥出更大的作用。随着科技的发展，慕课教学平台的建设也逐渐完善起来。在慕课平台上，有很多与专业有关的英语知识，学生可以结合自己的专业学习相关英语。因此，慕课为英语专业能力的培养提供了平台。

　　第三，完善英语教学的模式。高中英语教学中应用慕课主要是为了改革英语教学的模式。慕课作为一种现代信息技术支撑下的新型教学模式，可以对高中英语教学模式进行创新，对高中英语教学内容进行创新，教学内容以视频的方式呈现。在慕课视频内容中，学生必须集中自己的注意力，然后在结束视频之后进行自我测试，通过了慕课的测试才能进行下一个阶段的学习。例如，在高中英语的精读课视频中，教师先对教学的重难点进行梳理，从而使学生在视频开头就能明白学习要点，在精读视频课程学习之后，学生需要通过一些问题的测试之后才能开始下一个精读视频的学习。教师主要将课文作为视频材料，制作成视频以供学生观看。

第四，增强英语学习的乐趣。慕课可以运用声音、图像等将英语知识呈现出来，这让学生可以了解到更加直观的知识，从而有利于其学习。以往高中生无法自主选择学习的知识，教师是知识的传授者，学生是知识的接受者，教师主导学生的学习进度，而慕课则给予学生较大的自主权。在慕课模式下，学生的潜能被激发了，思维更加活跃，学习英语也成为一种发自内心的自觉行为。而当英语学习是出自学生的兴趣时，其才能真正投入英语学习中，享受学习，并最终获得扎实的知识与较高的技能。

第五，扩展高中生英语知识储备。课堂学习的方式是帮助学生学习英语的主要方式，在高中英语课程中，英语课程的课上时间比较少，而英语课堂学习的时间是有限的，因此，学生学习英语能够利用的课堂时间是有限的。慕课的出现就解决了这种问题，慕课在教学中主要使用网络平台，这种教学模式可以使学生随时随地学习，极大地扩展了学生学习英语的范围，对丰富学生的英语知识十分有利。

二、高中英语慕课教学创新的运行机制

1. 构建英语特色课程

当前很多的高中都开设了自己的慕课平台，有些课程也获得了很高的点击量，在信息技术深入发展的当下，更多的高中也应该积极投身慕课平台的建设。高中之间应该秉承团结合作的原则，共同构建慕课联盟平台，研发出精品课程，从而让学生可以接受本校之外的优质教学资源。对于那些在慕课平台下积极学习并按时完成课程的学生，学校可以给出学分证明或者其他类似方式的证明材料，并且逐步推进校际学分互认体系的实现。

高中在组建慕课平台的同时，就应该凸显出自己的核心专业以及特色课程的建设，集中优秀教师力量进行课程的开发与录制，争取创建出一大批优秀的课程，并且积极传播这些优秀的教学资源。这显然能为学校树立更好的形象，同时也能让高中在教育领域获得一席之地。

2. 完善英语教学模式

与传统的教学模式不同，开放式课堂教学的学分管理制度更为多样，不仅包含学分互认，还能做到线上线下教学的融合，这些都是在慕课影响下传统课堂做出的变革。在慕课视角下，开放式课堂显然能激发出学生学习的主动性，因为在慕课平台上有海量的优秀视频资源可以供他们选择、学习，并且也能培养他们的思辨能力、创新精神。我们可以把传统的课堂看作"线下"教学，将基于慕课平台开展的教学看作"线上"教学，这二者共同构成了开放式课堂。从本质上而言，开放式课堂就是传统教学与慕课平台的有机结合。

（1）线上。在慕课平台上，学生可以自主选择课程进行自学，他们的学习过程可以简单概括为四个部分：观看视频、完成练习、在线交流、信息反馈。"慕课平台"的意义可

以得到延展，不仅仅涵盖传统意义上的三大慕课平台，还可以包括各高中自主搭建的慕课平台，如"好高中在线"等，后来研发的各类网络资源学习平台也扩充了慕课平台的范围。

除此之外，学生应该认真对待慕课平台的学习，不应将其仅仅看作"预习"环节，这与翻转课堂课前观看视频是截然不同的，在慕课平台上，学生应该集中精力将涉及的知识点进行全部内化。

（2）线下。在线下，学生是带着"准备"去上课的，教师也是带着"准备"去授课的，这种目的明确的教学显然能达到很好的教学效果。学生的"准备"涵盖两个方面的内容：一是学生对课堂要点已经进行了深入学习，是带着对知识的理解来上课的；二是在学习的过程中，学生有了一些收获，同时也会有一些疑惑，这些成果与疑惑都是"准备"的内容。对课堂教学而言，教师的"准备"就显得更加重要，在课前，教师需要收集学生在慕课平台上遇到的知识点，并且提前做好知识点的整合等工作。在授课的时候，教师需要将这些疑难点进行合理安排，并设计丰富多彩的课堂活动让学生能够讨论这些话题，这样就可为学生构建出高效的讨论氛围，教师就能真正发挥出课堂引导者的作用，当学生需要帮助的时候，就可以给他们提供合适的帮助。此时，应该打破传统课堂的布置模式，而采用一些新颖的布置格局，如圆桌式等，这样既有利于教师照顾到所有学生，并能及时解答学生的提问，同时也可以创造出一种更为轻松愉悦的氛围，从而给课堂增色。

（3）开放式课堂教学的优势。

第一，利于实现学习过程的循环。在心理学家看来，知识的学习是需要通过三个过程实现的。学生要想习得一种知识，首先，需要领会知识；其次，需要巩固知识；最后，需要将知识灵活地运用到实践中。由此看来，传统的教学模式似乎存在某种不合理性，并且容易浪费教师以及学生的时间，学生如果在课后写作业的时候遇到一些疑难点，就会感到措手不及。

在开放式教学模式下，教学的场所更为多元化，学习过程与以往相比也有了很大的变化，一些理论知识等方面的内容可以放到课后让学生自己去消化，在课堂上，师生能有更多的时间坐在一起进行知识的探究，如果遇到问题，就可以得到及时解决。

第二，开放式课堂教学营造了更和谐的师生关系。学生在线上进行学习的时候，如果遇到不懂的问题就可以在讨论区与同伴或者其他的一些人相互讨论，这样就利于疑难问题的解决。同时，由于慕课资源是比较开放的，许多学生都可以将一些不同的学习经验告诉教师，也可以启发教师进行课程教学的优化，从而促进慕课平台的发展。学生在线下学习的时候，教师就可以将所学的知识进行搜集整理，并且提前构建课堂情境，尽量为学生提供一种比较舒适的交流氛围，这样就能让不同学生的思维得到碰撞。相较于传统的课堂，学生有了更多的机会与教师进行交流，因为在传统的课堂模式下，师生并没有多少交流的机会。在开放式课堂下，教师以及学生有了更多平等交流的机会，所以一种更加和谐的师生关系被构建了出来。

3. 建立多元化英语评价体系

高中的课堂教学也需要有合适的教学方法与之相匹配，通过对教学质量进行评价，可以促进教学向着更为高效的方向发展。与传统的课堂相比，开放课堂有了更为多样化的选择，所以，在进行评价的时候也应该选择多样化的评价体系。

（1）对教师"教"的评价。与传统课堂相比，开放式课堂教学的评价主体更加多元化了，因为课程是开放的，所以只要是学习课程的人都可以对课程进行评价。我们可以从注册人数上看到学生对课程的认可程度，如果注册的人数很多，那么显然有更多的人喜欢这个课程。学生应该按照教学的进度在一定的时间段内完成调查问卷，这样就可以反映出教师的教学状况。此外，慕课拥有讨论区，这样教师也可以从讨论区中看到学生的评论。

（2）对学生"学"的评价。在传统的课堂教学中，纸笔考试是评价学生最为合理有效的方法，多样化课堂教学的开展也为评价提供了更多可能，这显然有利于形成性评价的开展。对学生的考核主要是通过线上与线下两个方面实现的。在线上，通过测评其客观题的答题情况查看学生知识的掌握情况；在线下，还是通过安排统一考试的方式，以教师评价以及学生自评的方式开展。对于不同部分评价在总评价中所占的比例，可以由教师自主决定。

4. 建立"校师生"三方策应机制

（1）建立学校层面的机制。

第一，制定慕课联盟平台建立制度。慕课联盟平台是一个大型的平台，它的建立和运用需要多个不同高中之间加强合作才能实现。这个平台的建立能够使多个高中都受益。对高中而言，它们一定要采取必要的措施来管理和规范慕课联盟平台，从而协调解决一些常见的问题，从宏观的层面监督慕课联盟平台的运行。

第二，制定学分互认互换细则。众所周知，慕课是一种开放式的课堂形式，因而其可以在一定程度上实现学分的互认互换，这就需要学校层面的有关部门根据实际的情况制定详细的操作细则，从而确定具体的学分互认互换策略。

第三，关注传达动态信息，统筹管理。在高中的教学中，慕课为学生提供了一种开放式的学习课堂，从学校的层面进行分析，慕课联盟平台的构建与运行以及慕课的实施这些都离不开高中管理层的支持和管理，因而各个高中的管理层相关人员都需要实时关注学校的动态信息，从而根据大环境的变化做出调整，并积极应对问题。

（2）建立教师层面的机制。

第一，积极转变教育观念。慕课是一种十分先进的教学理念和教学模式，慕课也给中国的传统教育模式带来了很大的影响，因而从教师的层面进行分析，教师也要做出相应的调整和改变。教师首先需要做的就是更新自己的教育理念，即教师在教学中要转变自身的角色，要用科学、客观的态度来对待慕课，而不能对慕课持有消极甚至是抵制的情绪，这样不仅会对教师产生负面的影响，也会对学生产生消极的影响。总而言之，高中的英语教师要端正对于慕课的态度，要抛弃陈旧的教学理念，从而加强自身的学习，确定正确的教育理念。

第二，掌握信息技术手段。目前，很多高中都尝试着把先进的现代教育技术引入高中的英语教学中，这就对高中的英语教师提出了较高的要求，它要求高中的英语教师要学习和掌握一定的信息技术手段，这样他们才能够在教学实践中得心应手地运用这些教育技术。慕课就是一种先进的现代教育技术，它的本质就是一种大规模开放性的课程，它的运用离不开计算机，因而高中的英语教师要学习和掌握计算机的基本操作，掌握一定的信息技术理论和实践知识，从而更好地指导学生的英语学习活动。在现代社会中，教育信息化给很多高中都带来了较大的影响，很多高中的教师都把多媒体设备和教育技术引入教学中，他们已经在课堂中比较少地使用黑板等传统媒体开展教学，由此可见英语教师学习和掌握信息技术的重要性。此外，在教学中，很多高中都会根据实际的情况要求教师参与慕课的建设和制作，这也是对教师信息技术的一种挑战，需要教师调整心态、积极配合完成。

第三，提升教育教学能力。虽然慕课是一种开放式的课堂，然而教师在慕课教学中依然发挥着重要的作用。需要强调的是，在慕课教学中，教师对学生的学习起到引导和帮助的作用，指导学生开展自主学习，为学生提供更加优质的慕课资源，并教会学生利用慕课开展自主性学习。

第四，准确定位自身角色。在慕课这种开放式的教学中，教师一定要明确自身的角色定位，这样才能更好地指导学生的学习，即教师是一种引导者和合作者的角色。对高中的教师而言，他们不仅在教学的过程中运用慕课，也可能会参与到学校的慕课制作中，因而教师的角色是合作者的角色。

（3）建立学生层面的机制。

第一，提高资源选择的能力。对高中的学生而言，通过学习这种开放式的慕课课程不仅能够学习很优质的课程资源，还能够通过慕课学习掌握一定的自主学习能力，这种能力将会对学生产生深远的积极影响。从理论的视角进行探讨，慕课能够为学生的学习提供多样化的优质学习资源，这样学生就具有了比较大的选择空间。学生在选择教学资源的过程中需要教师的耐心指导，这个过程也能够逐渐提升学生的资源选择能力，这对于学生将来的学习也是十分有利的。在信息技术时代，每个学生在日常生活中都会接触到网络，都会接触到大量的信息资源，如何在大量碎片化的信息资源中找到对自己有用、有价值的资源是一项技能，它考验学生的信息分析能力、专业能力以及判断力等综合能力。

第二，选择适合自己的学习内容和方法等，这样学生就需要主动思考，主动做出各种选择，最后自主开展学习，这整个过程能够提升学生的自主学习能力。

第三，把握慕课课堂与传统课堂的关系。对高中教师和学生而言，在运用慕课开展英语教学的过程中还需要适当地处理好慕课课堂与传统课堂教学的关系，即二者并不是一种完全对立的关系。由于各种实际因素的限制，慕课的应用范围会受到一些限制，因而在高中的英语教学中，传统的课堂教学还是占据着重要的地位。慕课课堂和传统的英语课堂之间的关系就是一种互相补充的关系。教师在英语教学实践中一定要处理好二者之间的关系，这样教师才能够利用慕课课堂提升学生的英语学习效率，并激发学生的英语学习兴趣。

三、高中英语慕课教学的创新方法

1. 英语慕课教学在听说中的创新应用

（1）构建专业精湛、技术过硬的教师团队。将慕课应用于高中的英语听说教学中是一种创新，这种混合式的教学模式能够为英语听说教学带来全新的活力，然而这种混合式的教学模式也对高中教师提出了更高的要求，即高中必须构建一支具有较强专业能力和信息技术能力的教师团队来开发和维护慕课平台的运行和安全等，从而保障英语慕课的顺利开展。此外，这支教学团队一定要更新教学理念，在教学中始终做到以学生为中心，从而从根本上提升学生的英语听力水平和口语水平。

（2）打造强大的慕课平台，丰富线上教学元素。慕课的制作以及运用都离不开网络这个平台，因而对高中而言，其需要不断更新和维护自己学校的网络平台，从而使网络的运行更加顺畅，也能够使学生获得良好的英语慕课体验，这能够吸引学生的目光，增加学生的英语学习乐趣。此外，各个高中还应该大力提升学校的信息技术，最好使校园的每个角落都覆盖上无线网，以便于学生利用碎片化的时间学习英语知识。

在高中英语教学中，英语教师需要录制一定的英语听说慕课视频，通常这些慕课的录制时间都比较短，一般在 10 分钟之内，因而这就要求教师一定要保证慕课视频的质量。从英语听力的内容角度进行分析，教师可以选择高中英语听力的技巧以及高中英语考试的听力技巧等内容，教师还需要在慕课视频中设定相应的练习题目供学生参考使用；从英语口语的内容角度进行分析，教师可以选择高中的语音知识、西方文化、中西文化差异以及口语的常用句型等内容，同时教师也要设定相应的练习题目供学生参考使用。除此之外，教师还需要在网络上注册互动论坛，方便教师和学生的沟通与交流，提升学生的自主学习信心。学生可在论坛上提出任何与听说学习相关的问题，并由教师进行解答，其他学生也可跟帖交流；还可在论坛上传学习成果或心得，共同分享、相互切磋、携手进步。

（3）推动传统课堂改革、完善线下教学。对听说习得而言，进行面对面的语言输出、交流与反馈是至关重要的。所以，虽然慕课具有非常多的优势，但是这种教学模式也只能作为听说课堂的一种重要补充，是无法替代英语听说教学中的课堂教学的。混合式教学模式使各种关于听说的理论知识实现了网络在线讲解，这样一来，学生就能够在课下利用碎片化的时间自主地掌握理论知识，从而极大地突破了传统课堂在时间与空间方面的限制，将传统的理论灌输的教学模式转变为任务驱动型教学模式，也实现了教学目标由理解、记忆知识向应用理论与提升技能转变。基于这一点，高中应当积极对传统的听说课堂教学进行变革，将混合式教学模式有机地融入听说教学之中，实现传统课堂与在线网络教学的有机融合，不断满足学生的多元化需求，进而促进英语教学水平的提升。在课前的慕课中，学生可能会或多或少地遇到一些问题，在线下课堂中应当将重点放在知识的运用以及听说技能的训练上。在听力方面，针对线上学习中存在的比较普遍的问题进行集中练习，有效缩短听力练习的时间；在口语方面，注意多种方法的灵活运用，如对话、演讲、展示等。在对课堂任务进行设计时，要最大限度地对现实的生活情境进行模拟，并积极引导学生根据要求进行针对性训练。这样一来，不仅能够营造良好的学习氛围，而且能够有效地激发学生的自主性与积极性，促进学生英语能力的提升。

（4）重建课程评价考核机制。在英语教学中，评价考核是非常重要的一环。通过评价考核，教师能够对学生的知识掌握情况形成系统的了解，学生也能够发现自身存在的不足。在混合式教学模式下，学生的学习、互动与考试有机地融合为一体，使评价考核的形式更加多样化，能够全面地展现学生的学习情况。因此，教师应当对英语听说教学的课程评价考核机制进行重建，将学生的课堂表现、作业情况、期末成绩与线上学习的各种表现结合起来进行评价，与此同时，还要将教师评价与学生互评及学生自评相结合，从而得出最终的评价考核结果。这种评价考核形式具有非常明显的优势，主要体现在：重视评价对象的素质发展、强调评价主体的多元化、尊重学生的个体差异。

2. 英语慕课教学在写作中的创新应用

（1）慕课应用在英语写作教学中的作用。

第一，慕课环境下能够快速获取英语资料。在传统的英语写作教学中，学生的写作资料通常是从书籍中获取的，但是书籍的资料毕竟是有限的，而且查阅起来也需要耗费一定的时间与精力，所以很多时候，学生往往很难获得真正适合自己的资料。然而，慕课教学使这一问题得到了极大的缓解，在网络的辅助之下，学生可以随时随地且非常精准地获得自己所需的写作资料。此外，学生利用慕课网络针对英语写作的相关问题展开交流，也能有效地拓展学生的思维。

第二，慕课环境下能够扩展学习空间。在英语写作教学设计中，教师可以有针对性地选择一些优质的英语慕课，在慕课平台中，学生可以自主地搜集相关的写作资料，并且查阅各种优秀的写作范文，掌握一定的写作技巧，并运用于自己的写作实践之中，不断提升自身的英语写作能力。

第三，慕课环境下能够优化教学资源，提高教学效果。英语写作其实就是借助英语这种语言将自身对客观世界的认识通过书面的形式展现出来的活动。英语写作能力的提升需要长期的积累。慕课平台在网络技术的支撑下，具备了资源共享性、开放性、互动性等诸多优势，学生借助于慕课平台，可以查看与阅读各种优秀的英文篇章，还可以阅读其他学生的作文。这样一来，学生不仅能够学习到优秀篇章的写作技巧，还能够在与同学的对比中发现自身的不足，从而不断修改、完善，促进写作能力的提升。

（2）慕课环境下英语写作教学模式。

第一，以慕课教学平台为切入点。通常而言，学生在开展英语写作之前，需要做好诸多准备工作。当教师在慕课平台上发布了具体的写作话题之后，学生应当分组进行讨论，与组员进行交流，积极发表自己的见解，并且主动搜集相关的写作资料，为下一步的写作做准备。除此以外，在写作时，学生应注意良好的写作习惯的培养，在写作构思上应当多加重视，将自己的观点用英语正确地表达出来，切忌出现文不对题、思维混乱、逻辑不通等问题，尤其要注意避免语法错误的出现。与此同时，应当注意英语思维与汉语思维的差异，遵循英语语言的表达习惯与行文特点，确保文章结构正确，表达流畅。总而言之，在慕课平台中开展英语写作教学，教师需要做的就是引导学生寻找写作的切入点，及时对学生进行引导并指出学生存在的不足，帮助学生不断提升英语写作水平。

第二，慕课学习环境的构建。学生在根据写作主题完成写作之后，可以将作文上传到慕课平台上，教师则及时在平台中检查学生的写作情况。由于学生在英语水平与思维方式上存在不同程度的差异，因此学生的作文所体现出的差异也非常显著。教师应当及时发现学生写作中存在的各种问题，并及时进行指导，然后引导学生不断对作文进行修改完善，在这一过程中促进自身写作水平的提升。与此同时，教师还可以选择一些优秀的作文作为展示范例，供学生参考与借鉴，使学生积极学习他人的长处，并及时发现自己的不足，进而取长补短，不断完善自己。

第三，慕课平台下英语写作模式的实施。在慕课平台下开展英语写作需要注意两个方面的内容：一是教师要积极主动地为学生提供相关的写作素材与丰富的写作资料。慕课作为一种崭新的教学形式，具有高度的系统性，教师应当充分发挥慕课平台的优势，在充分把握学生英语水平的基础上，为学生提供丰富的学习资源，也可以在慕课平台上为学生设置一些相关资料的链接，使学生在需要时可以快速、准确地获取。此外，教师还要引导学生对自己的英语作文进行及时存档，使学生在不断地写作学习中发现自己的不足，并积极借鉴别人的长处，促进自己写作水平的提升。二是慕课教学对学生的个性化学习非常重视，因此，为了使学生的个性化学习取得更好的效果，教师应当重视慕课平台中各种资料的整合，使各种资源得到优化配置，从而激发学生学习英语写作的兴趣。需要注意的是，英语写作能力的提升单纯依靠写作能力的训练是远远不够的，英语写作本身就重视对学生的英语综合能力的考查。因此，教师在运用慕课平台时应当注重为学生提供更加多元化的资料，重视学生英语综合能力的培养，这一点对学生写作能力的提升也是至关重要的。

第三节　高中英语翻转课堂教学的创新探索

随着信息技术的发展，"互联网+"成了新的发展趋势，实际上是在知识社会创新 2.0 推动下由互联网形态演进、催生的经济社会发展新形态。教学行业为了顺应新课改的要求，在高中英语教学中实行翻转课堂，并在教学中融合了"互联网+"。众所周知，传统的教学模式存在局限性，不注重学生的课堂主体地位，导致教学效果不理想。在"互联网+教学"背景下开展的翻转课堂弥补了传统教学模式的不足，虽然在实际应用中还存在诸多的问题，但是也调动了学生的学习兴趣，营造了良好的学习氛围，在一定程度上提高了教学效率。翻转课堂这一新型的教学手段为高中英语课堂注入了新的活力，在教学中发挥了学生的主体地位，突出了教师的主导作用，不仅符合新课改的教学要求，还有利于促进学生的全面发展。

一、高中英语翻转课堂的概念及其应用现状

（一）翻转课堂概念

翻转课堂也叫作"颠倒课堂"，是一种新型的教学模式。翻转课堂的定义是重新调整课堂内外时间，将学习的决定权从教师转移给学生，突出学生的主体地位，发挥教师的主导作用。翻转课堂教学模式下的学生更加珍惜课堂时间，提高了学习主动性。"互联网+教学"背景下的翻转课堂为教师和学生提供了便利，教师可以不再占用课堂的时间来教授知识，学生可以在课前完成自主学习，借助互联网可以观看视频讲座、阅读电子书等，还能在网络上与同学进行讨论，利用互联网学习丰富的在线课程，能在任何时候去查阅需要的材料。总而言之，互联网时代催生的翻转课堂优化了传统教学模式结构，加快了教学改革，有利于提高教学质量。

（二）翻转课堂应用现状

高中英语教学在整个教学中占有重要的地位，是学生更深入学习的基础。但是由于受应试教学的影响，导致教学效率停滞不前。随着新课改的深入发展，高中英语教学也创新了教学模式，引进了翻转课堂。虽然翻转课堂具有众多的教学优势，也弥补了传统教学的缺陷。但是新的教学模式要想熟练应用还需要经过一段时间的适应过程，所以在具体的应用中不可避免地出现一些问题。常见的包括教师对翻转课堂理解不透彻、大量的视频制作增加了教师的教学压力等。另外，部分教师对"互联网+"应用不熟练，在制作教学软件时缺乏创新性，只能制作简单的PPT，无法达到教学效果，在一定程度上阻碍了翻转课堂的开展。

二、高中英语教学翻转课堂的应用优势

（一）加强对学生学习情况的掌握

翻转课堂的开展让教师和学生位置进行了转换，这也充分地将学生的学习情况展现在了教师面前。互联网下的翻转课堂逐渐成了新的教学发展趋势，为高中英语教学注入了新的生机，教师可以借助互联网开展教学，还能及时地掌握和跟进学生的学习状况，为教师和学生提供了方便。教师还能针对学生的实际学习情况，为学生提供针对性的指导和学习建议，从而提升学生的学习成绩。

（二）提升教学质量

翻转课堂重新调整了课堂时间，在教学中重视学生的主体地位，结合学生的学习特点来教学，激发了学习兴趣。翻转课堂层层递进的特点也为教学的顺利开展提供了条件。在各种信息技术的支撑下，学生可以顺利地完成各个阶段的英语学习，不仅能加深教学印象，还能巩固课堂知识，提高教学质量，也为学生更深入地学习奠定基础。

（三）提高学生学习主动性

翻转课堂是在"互联网+教学"背景下引进的新的教学模式，实现了与"互联网+"的融合，让学生也更加专注课堂教学，还能利用互联网进行线上或者线下的英语学习，既能增加师生之间的交流还能培养学生的思维，在整个教学中也充分地展现出了教师的主导作用，营造了良好的学习氛围，提高了学生的主动性，有利于学生自身的发展。

三、高中英语教学翻转课堂的具体应用

实现翻转课堂的合理应用对提升高中英语教学质量具有重要的意义。为了更好地帮助

教师合理地应用这种新的教学模式，教师可以适当地应用以下教学手段，从而发挥出翻转课堂的最大价值。

（一）课前自我学习环节的应用

英语是世界通用语言，学习英语对学生发展意义重大。对高中英语而言，英语学习并不是一件简单的事情，与其他学科相比存在一定的难度。而且英语重视平时的日积月累。课前预习就英语教学而言是非常关键的一步，也是教学任务的一项，重视课前预习可以加深对知识的理解，对提升课堂效果和学习质量具有重要的作用。在新的时代背景下提升预习的效果，可以将翻转课堂应用在课前的预习环节，教师可以提前将制作好的视频上传到教学平台，让学生自主地进行观看学习，从而掌握课堂要学习的知识，并将学习重点进行掌握，这样在课堂中可以提高课堂效率，保障教学效率。

例如，将"Modal verb"这一内容视为预习课程时，教师在制作视频时可以将课堂的教学内容和任务放入视频中，让学生在观看时对相关的内容进行自主预习，并完成教学任务，为避免预习受到阻碍，教师可以进行指导，从而达到预习效果，提升学生的英语水平。

（二）课堂教学模式的应用

完成预习就需要正式进入课堂模式。课堂教学是展现教师主导作用的环节，围绕课本内容进行教师授课。教师在课堂上要增加师生互动，可以对学生的预习情况进行排查，然后结合教学计划有针对性地安排学习任务，可以进行分组，利用小组模式来加深学习记忆，提高学生的学习主动性。

例如，在学习"subject"时让小组成员进行组句，然后教师在小组成员中抽查，这样可以调动每位学生的学习积极性，在小组中既能提升学生的英语思维，还能强化小组合作的目的，保障了课堂教学的高效完成。

（三）课后复习与预习的应用

课后预习是对课堂知识的回顾和记忆加深，这对英语教学而言是非常关键的。教师可以在课后为学生进行指导，然后将课堂视频上传到教学平台，让学生结合自身的情况来加深知识记忆和理解。在课后复习环节对难理解的可以向教师请教，教师可以在平台上解答学生的疑问，从而增强学生的学习积极性，帮助学生取得理想的成绩，促进学生的发展。

综上所述，"互联网+教学"背景下催生的翻转课堂弥补了传统教学模式的不足，实现了与"互联网+"的有效融合，不仅提升了教学质量，还提高了学生的英语能力。为了发挥出翻转课堂的教学价值，在高中英语教学中还要合理地应用，调动学生的学习积极性，提高学生的英语素养，促进学生的全面发展。

第四节　高中英语混合式教学的创新探索

21 世纪以来，随着信息技术的高速发展，我国教学行业经历了一轮又一轮的教学改革。其中，变化最大的是教学模式。以往的教学模式以课堂教学为主，教师主要依赖于教材进行授课，如今线上教学的开展，颠覆了过去单一的教学模式，让学生做自主学习的主人。对此，高中通过对英语教学模式的创新探索，推行混合式教学法，可有效推动"互联网+教学"的教学改革进程，以此促进高中英语教学的现代化发展。

一、高中英语混合式教学的应用价值

（一）目标明确，方式有新意

混合式教学法由国外培训机构最早提出，具体指在互联网时代，将传统线下教学模式与线上教学有机结合，从而形成一种线上线下相混合的教学方式。其教学目标非常明确，旨在通过教学方式与教学工具的灵活性与多样性，引起学生的学习兴趣，调动其自主学习积极性。另外，基于我国未来教学发展的混合式教学趋势，其最显著的特点就是教学方式的创新与变革。首先，网络学习平台得以开发，如翻转课堂、云班课、云平台以及手机微信平台等，这些焕然一新的教学工具为教学方式的多样化发展提供了条件；其次，在网络海量学习资源的支持下，学生不再局限于课堂学习，而是在任何有网络的地方进行自主学习，如学生宿舍、学校图书馆等，极大地发挥了主观能动性。

（二）角色互换，互有进步

在"互联网+教学"的时代背景下，高中英语教学启用混合式教学模式，使得师生角色互换。首先，在网络环境的支持下，教师对网络工具的利用更加多元化，过去教师通过简单的多媒体课件、耳麦等辅助课堂教学，如今各种网络教学平台得以开发，其中所蕴含的丰富教学资源，可以极大地丰富教师的教学内容，同时也为学生针对学习资源的利用与学习时间的安排提供了条件。其次，对线下的课堂讲授而言，多媒体技术的应用丰富了课堂内容与教学手段。例如，当下教师上课用到的投影仪，以及教室装备的计算机等，教师的角色定位从主导者变为组织者与帮助者，学生逐渐占据学习主导地位。另外，师生互动形式也不仅仅局限在课堂交流，线下互动也成为一种常态。

（三）混合式教学，评价机制多元化

高中英语在传统教学模式下，存在教材陈旧更新慢、教学内容略显单一、教学模式相对单调等现实问题，学生的学习自主性得不到提升。高中开启混合式教学之后，基于网络资源的共享链接，可以有效丰富教学内容，及时补充并更新学习资源，有利于教学质量的保障。除此之外，在教学模式上，线下与线上相结合，既保留了线下课堂教学的师生互动交流，也创新了线上教学手段，如多媒体课件的插入、英语教案的加速制作等，都是借助互联网来完成的。基于混合式教学模式的创新，教学评价也及时跟进，除了以往的线下问卷调查等形式，如今可以借助网络平台创新评价方式，开发线上评价工具，以此来实现评价机制多元化。

（四）符合时代，推动进程

随着科学技术的进步，大数据、互联网信息技术等高速发展。近年来，"互联网+"对社会各行各业，特别是教育行业，有着不可忽视的作用与影响。从社会领域来看，电子商务行业、互联网相关行业等都是在大数据背景下很快发展起来的；从教育行业来看，各高中在教学方式、考核评价等方面都发生了重大变革。除此之外，在网络平台的推动下，当前教学的热点话题是如何将教学与互联网技术进行有效融合，以此来推动我国的教学改革。对此，我国高中学校在英语教学中推行线上线下混合式教学，在符合当下时代特征的基础上，能够有效促进教学改革进程。

二、高中英语混合式教学的实践应用

（一）混合式教学平台的构建

在高中英语教学中，混合式教学的关键在于构建与之相对应的教学平台。网络在线学习平台包括云课堂以及各类手机应用软件，如具备专属性质的作业帮、钉钉等，以及网络社交软件微博、微信等。通过这些网络学习平台，高中英语课堂形成了一套比较完整的学习流程。教师从课前准备工作到课下布置作业，分别使用不同类型的网络教学工具，使得每个部分的教学任务与目标得以有效实现。另外，教师还可以根据自身教学特点对具体的教学任务进行设置，每一位教师所负责的内容与职责并不相同，如主讲教师负责内容、管理教师负责纪律等。与此同时，教师可以通过学习平台进行答疑解惑，极大地促进了师生间的互动交流。

（二）混合式教学模式

1. 课前准备

高中英语教师的课前准备工作主要围绕学生自主学习开展。课前，教师开展英语问卷调查活动，问卷主要由英语能力测试题与英语教学模式选择题构成。通过调查结果，教师对学生的英语水平以及教学模式的偏好有大致了解，在此基础上，教师结合英语教材中的单元教学目标来准备课前预习资源，具体包括英语视频材料、多媒体课件等。基于多媒体资源的混合式教学，学生可针对新课内容进行自主预习。与此同时，教师可提前准备一份英语学习清单，该清单可引导学生观看多媒体课件与英语学习视频，并根据清单任务依次完成主题讨论、英语练习题等内容，以此来提高学生课前预习的学习质量。

2. 课堂实施

高中英语教师的课堂教学主要通过线下讨论与知识讲解来完成。首先，教师根据课前学生的预习反馈结果，提前预设英语知识中的重点难点讲解内容，在此基础上，对课堂教学活动进行有针对性的设计，如任务型小组活动、英语知识随堂小测试、小组作业展示、小组讨论等形式。其中，线下讨论主要通过教师设置小组学习任务，具体包括英语的词汇、语法、语篇理解等内容，并组织学生对重难点内容进行讨论，最后根据讨论结果进行小组作业展示。其次，教师对学生的讨论结果与作业展示进行点评，也可以邀请学生互评，最后对英语学习中的问题以及其中所涉及的重难点知识进行整理与总结。

3. 课后巩固

高中英语教师主要通过布置课后作业以及组织学生完成线上测试任务来实现课后知识拓展与知识巩固。教师在布置课后作业前，根据本节课所学内容上传相关英语知识讲解视频，学生通过线上观看视频完成自主学习任务。同时，基于本节课所学的英语知识点与相关语言技能，教师布置相关的课后作业，以实现学生对知识的巩固与完善，从而完成提升课堂教学质量的目标任务。另外，英语课堂教学结束后，教师须在网络教学平台及时发布上课用到的多媒体课件、学习视频以及相关试题答案等，并组织学生完成线上测试任务，具体涵盖每一小节的英语测试题，同时达到英语知识检测与知识拓展的教学效果。

（三）基于蓝墨云班课平台的教学实践

第一，平台资源共享，线上管理课堂。蓝墨云班课平台同时具备网络资源存储功能与在线教学管理功能。高中英语教师通过蓝墨云班课平台进行资源共享，发送或者上传大量的英语学习资料，包括平时课堂用到的多媒体课件、与英语课堂教学内容相关的学习资料或者英语知识讲解视频等。如此一来，学生可以不限时间、不限地点地获取英语学习资源，并且按照教师的组织与安排对英语科目进行自主学习。另外，英语教师通过蓝墨云班课平台的签到功能、考勤统计、学生分组管理、班级通知栏、学生课堂表现记录等，达到线上管理班级的目的。

第二，师生随时互动，线上作业批改。高中英语教师运用蓝墨云班课平台开展教学实践活动时，学生通过平台在线上快速发布并提交英语作业，教师可及时接收作业，并结合线上智能批改作业的功能，对学生的英语作业进行在线批注与打分。同时，教师与学生可以通过平台随时互动，如教师对学生的英语作业进行批注或者打分后，教师可以直接私信告知学生，双方在线实现无障碍英语教学互动与交流。另外，教师借助平台设计各种教学活动，如小组讨论、头脑风暴等，鼓励学生积极参与英语教学活动，以此活跃课堂气氛，增强师生互动。

第三，完善评价体系，线上数据汇总。基于蓝墨云班课平台提供的评价系统，高中英语教师对学生成绩的评定可借助线上数据的汇总。这些数据体现了学生的签到情况、上课表现、课堂检测成绩、班级活动参与度等，与学生的最终英语成绩挂钩。在此过程中，英语教师借助平台数据对学生的学习情况以及英语课堂活动的参与程度有大致了解，其中包括英语课后测试题的完成度、参加课堂随机任务（读单词、语篇翻译、短文朗读、课文片段讲解等）情况、小组任务完成情况等，在此基础上，教师再结合平台设定好的成绩比重来打分，完成对学生的终极评价。

综上所述，我国高中英语教学受传统模式影响，基于各种现实因素，在信息化高速发展的当下，已经满足不了社会对高级国际型人才的需求。对此，高中英语教学开始积极转变教学模式，基于蓝墨云班课平台的线上教学实践研究，从教学内容、师生互动、教学评价系统等多个方面进行变革，结合线上线下混合式教学模式，有效提升了高中公共英语的课堂教学质量，推动了教学改革进程。

混合式教学通过线上线下学习相结合，实现了学习资源的有效利用；打造沉浸式学习环境，提高学习效率；激发了学生的学习动机和学习兴趣；培养了学生的团队合作能力、自主学习能力、解决问题能力；提高了课堂教学效果，使高中英语教学走向多元化和立体化。

混合式教学打破了传统单一的终结性评价方式，体现出评价方式的多元化，采取同伴互评、系统自动评分、教师点评等评价方式相结合。多元化评价机制能够动态追踪学生的学习记录，为教学整改提供依据。基于网络学习平台的高中英语学习评价体系的构建，须遵循数据化、发展性的原则。数据化原则是指利用数据的方式来呈现学生的学习行为，掌握其中的变量，并根据学生的学习偏好、学习态度、学习行为、学习需求建模，参考各方面因素来调整评价标准，以网络系统为辅助来对学生进行个性化和科学化的评价。发展性原则是指利用网络系统对评价数据进行系统评估后，可对学生后续的学习进行有效的预测，进而以此为依据对各阶段教学规划和学习目标进行调整。混合式教学也带来了一些挑战。学生的在线自主学习能力整体上有待提高，教师的信息化教学能力有待加强，学校须加大对信息化教学设施的建设。

综上所述，"互联网+"背景下基于新媒体技术的高中英语混合式教学实现了课前、课中、课后各教学环节的有效衔接，使教学不受时空的限制，满足了学生的个性化学习需求。高中英语教师首先要转变教学理念，培养互联网思维，充分认识到互联网技术为高中英语教学所带来的机遇和挑战；要创新教学模式，利用现代信息技术，结合文字、图片、视频、音频和动画等载体开发多模态在线学习资源，推动立体化教学体系的构建。

参考文献

［1］冯蔚清．新课标理念下的高中英语教学实践研究［M］．广州：暨南大学出版社，2016：81.

［2］韩奇生，卿中全．高中生人文素养：缺失与培育［J］．高教探索，2008（5）：135.

［3］彭杰，刘晓庆．高中英语课程教学问题探析［J］．读与写（教育学刊），2019，16（11）：17.

［4］江琳．高中英语课程体系的"个性化"构建［J］．福建江夏学院学报，2022，12（1）：103.

［5］王璐．高中英语交际教学模式浅谈［J］．西部素质教育，2017，3（22）：184.

［6］李红霞．高中英语教学研究［M］．天津：天津科学技术出版社，2017.

［7］吕丹丹．借助微课构建高中英语高效课堂［J］．英语画刊（高中版），2021（13）：23.

［8］李晖．基于微课的高中英语高效课堂的构建策略探讨［J］．考试周刊，2020（77）：84.

［9］钟义铭．巧用微课打造高中英语高效课堂［J］．科普童话，2020（15）：119.

［10］杨阳．英语理论与英语教学［M］．成都：电子科技大学出版社，2017：159.

［11］王海斌．过程教学法在高中英语写作教学中的应用研究［J］．学周刊，2022（24）：54.

［12］徐华妹．支架式教学在高中英语阅读教学中的应用［J］．校园英语，2021（40）：215.

［13］黄子珂．支架式教学在高中英语阅读教学中的运用［J］．校园英语，2021（22）：139.

［14］申忱．初探高中英语阅读教学中的"支架式"教学模式［J］．天天爱科学（教学前沿），2021（4）：49.

［15］周科锋．支架式教学理论在高中英语阅读教学中的应用［J］．语数外学习（高中版上旬），2020（8）：66.

［16］刘晓辉．基于支架式教学理论探究高中英语阅读教学策略：以 Unit 2 Cloning 为例

［J］．英语教师，2020（13）：81.

［17］周蕾．高中英语阅读教学中支架式理论的应用策略［J］．新课程，2022（29）：166.

［18］常琳翠．微课在高中英语高效课堂中的应用分析［J］．试题与研究，2022（17）：88.

［19］韦丽芬．高中英语口语教学中的"积极因素"及其作用分析［J］．天津教学，2022（11）：165.

［20］雷志莲．提高英语口语能力促进英语综合素质策略研究［J］．高中生英语，2022（10）：36.

［21］谢晓莉．高中英语课程资源的开发及其管理［D］．苏州：苏州大学，2017：4.

［22］靳燕．高中英语同步阅读课程资源的开发与管理［J］．基础外语教学，2015，（5）：101.

［23］马玲玲．高中英语教学目标之我见［J］．中国校外教育（基教版），2012（11）：80.

［24］谢期繁．高中英语教学目标陈述常见问题分析［J］．师道·教研，2011（8）：78.

［25］商三英．单元整体下的高中英语阅读教学设计［J］．教育研究与评论（高中教育教学版），2022（7）：67.

［26］邓宇．浅谈高中英语教学方法［J］．中外交流，2019，26（37）：222.

［27］吴代良．高中英语教学方法探讨［J］．南北桥，2019（24）：92.

［28］李欢．新高考改革背景下高中英语教学方法探究［J］．科学咨询，2021（3）：261.

［29］柏琴，周梅．高中英语教学创新探索［J］．贵州教育，2012（1）：38.

［30］刘青．高中英语教学模式新探索［J］．文科爱好者（教育教学版），2015（3）：64.

［31］王勤．关于新课程高中英语教学目标的叙写［J］．教学月刊：中学版（教学参考），2007（10）：2.

［32］汪祖名．试论高中英语教学中学生问题意识的培养［J］．科教文汇（中旬刊），2010：140.